Patricia Brandt

# Im grünen Bereich

W0053776

WESER KURIER

Patricia Brandt

# Im grünen Bereich

Die besten Gartenkolumnen

Mit 52 Illustrationen von Sabine Rosenbaum

# Inhalt

**Impressum**

**Herausgeber und Verlag**
Bremer Tageszeitungen AG
www.weser-kurier.de

**Projektleitung und Redaktion**
Stefan Dammann

**Texte**
Patricia Brandt

**Zeichungen**
Sabine Rosenbaum

**Fotos**
Frank Thomas Koch, Studioline, Fabian Wilking

**Gestaltung**
Anke Dambrowski, WK | Manufaktur

**Druck**
müllerditzen GmbH
Bremerhaven

1. Auflage März 2020

ISBN 978-3-9821818-0-6

# Vorwort

Liebe Leserinnen, liebe Leser,
es ist in erster Linie Ihnen zu verdanken,
dass Sie dieses kleine Buch in den Händen
halten. Denn die Gartenkolumne „Im grünen
Bereich" von Patricia Brandt stieß auf so großes
Interesse, wenn nicht auf helle Begeisterung,
dass ein Teil der Beiträge hier noch einmal
zusammengefasst sind – zum Nachlesen, zum
Durchblättern, zum Verschenken, zum Schmun-
zeln, zum Nachdenken und vor allem zum
Dazulernen.

Lernen kann man in den Kolumnen von
Patricia Brandt nämlich allerhand, nicht nur
über das Gärtnern, über die Tier- und Pflanzen-
welt und die Umwelt. Man lernt auch Familie
Brandt kennen, ein bisschen jedenfalls: den
Mann der Kolumnistin, die Kinder, die Schwes-
ter und die Mutter dürfen immer mal wieder zu
Besuch kommen, in den Garten und in die Texte.
Meist aber hängt Patricia Brandt „Im grünen
Bereich" ihren Gedanken nach, die sprießen wie
ihre Pflanzen und meist unterhaltsame Blüten
treiben.

Eben das macht den Charme dieser Kolumne
aus: In den drei Jahren hat die Redakteurin ihren
Leserinnen und Lesern die Gartenpforte, die
Haustür und ein bisschen auch ihr Herz geöff-
net, wie eine Nachbarin.

Zum Hinschauen ist diese Textsammlung
übrigens auch gedacht: Sabine Rosenbaum hat
eine Bildsprache gefunden, die die Kolumne
trefflich ergänzt.

Also: Besuchen Sie auf den nächsten Seiten
den Garten von Familie Brandt. Sie sind dort
herzlich willkommen, das werden Sie schon
nach wenigen Zeiten feststellen. Sie werden es
fühlen.

Viel Vergnügen,
Silke Hellwig
*Chefredakteurin des WESER-KURIER*

## *Patricia Brandt*

Patricia Brandt hat als Schülerin in den Sommerferien Setzlinge in einer Gärtnerei pikiert, um sich das Taschengeld aufzubessern. Heute pflanzt sie völlig freiwillig im eigenen Garten, sogar über die regulären Ferienzeiten hinaus. Patricia Brandt hat für Focus, dpa, Burda und NDR Fernsehen gearbeitet. Seit 2000 ist die studierte Germanistin, Jahrgang 1971, aus Neustadt am Rübenberge als Redakteurin für den WESER-KURIER tätig. Ihre Gartenkolumne „Im grünen Bereich" lief hier von 2016 bis 2019. Wenn sie nicht gerade über Garten-Abenteuer schreibt, recherchiert sie Themen für das Regionalressort Die Norddeutsche. Ihre Serie „Fluchtpunkte" über Integration wurde 2019 von der Konrad-Adenauer-Stiftung gewürdigt. In Kürze wird sie ihren ersten Ostsee-Kriminalroman veröffentlichen. Patricia Brandt lebt mit Mann, zwei Kindern, einem Hund und vielen Bienen im Bremer Umland.

## Sabine Rosenbaum

Sabine Rosenbaum freut sich, wenn sich tierische Gäste in ihrem Bremer Garten einfinden. Egal, ob ein Spatzengeschwader in der Efeuhecke oder eine Wanderratte, die den Futterspender entert. Nach ihrer Ausbildung zur Druckvorlagenherstellerin hat die gebürtige Nordbremerin, Jahrgang 1965, die Öffentlichkeitsarbeit für die frühere Bremer Bootsbau Vegesack übernommen und eine Zeit lang selbstständig als Mediengestalterin gearbeitet.

Seit 2016 ist Sabine Rosenbaum für den WESER-KURIER tätig, als Illustratorin und Disponentin in der Blattplanung. Sabine Rosenbaum ist verheiratet und hat einen Sohn. Wenn sie nicht im Garten liest, organisiert sie ehrenamtlich die Vegesacker Pappbootregatta des MTV Nautilus.

# Interview mit einem Gartenzwerg

**Herr Gartenzwerg mit Angel, Sie stehen schon seit einiger Zeit hier am Teich. Genießen Sie Ihr Leben in unserem schönen Garten?**
**Gartenzwerg mit Angel:** Was für eine blöde Frage. Natürlich nicht. Wissen Sie eigentlich, dass mir eins Ihrer Gören erst gestern wieder einen Ball an den Kopf geschossen hat?

**Verzeihen Sie, das war bestimmt keine Absicht.**
(Unterbricht): Und was heißt hier ‚schöner‘ Garten? Der Teich ist eine etwas bessere Pfütze. Außerdem hätten sie sich wenigstens heimische Fischarten anschaffen können. Moderlieschen, Bitterling, was in der Richtung. Nicht diese nutzlosen Glupscher.

**Was haben Sie denn gegen Goldfische?**
Die vermehren sich wie die Karnickel und schwuppdiwupp ist der Teich voll. Und dann fahren Sie los und setzen die Glupscher im nächsten Bach aus. Die heimische Tierwelt wird verdrängt und wer ist schuld? Genau: Sie!

**Aber ich setze doch keine Goldfische aus!**
Pah, das sagen sie alle.

**Lassen Sie uns das Thema wechseln. Was halten Sie von meinem neuen Staudenbeet? Ich habe es gerade erst für Bienen angelegt.**

Hab’ ich mitbekommen – wie übrigens alle 1354 Telefonate mit Ihrer Mutter. Können Sie nicht mal woanders telefonieren als immer auf der Terrasse? Und was Ihr Beet betrifft: Was soll dieser Plastikfrosch darin? Ich dachte erst, Sie wollten mir mit dem Ding Angst einjagen. Haben Sie schon mal einen halben Meter großen Frosch gesehen?

**Wir sollten das Gespräch jetzt abbrechen …**
Sie sind zu empfindlich. Als Gärtnerin müssten Sie abgehärteter sein. Es ist offensichtlich, dass Sie ein Problem haben.

**Ich habe ein Problem? Welches denn?**
Sie kaufen grauenvoll kitschige Plastiktiere und stellen sie in die Rabatte, weil es keine echten Tiere in Ihrem Garten gibt. Das zeigt doch deutlich, dass Ihr Herz sich nach einer heilen Tierwelt sehnt.

**Sie meinen, ich fülle eine Lücke mit Polyresin?**
Das ist der Punkt.

**Reden Sie jetzt übers Insektensterben?**
Unter anderem. Aber auch die dicke Amsel kommt nicht mehr so oft.

**Ich bitte Sie, schauen Sie sich um: Rasen, Rosen, Stauden, Bäume… Alles im grünen Bereich!**

Hören Sie bloß auf. Da wird einem ja ganz schlecht bei so viel Ignoranz. Das reicht doch alles nicht. Sie brauchen noch viel mehr wilde Ecken und Brennnesseln. Sie brauchen unbedingt Brennnesseln.

**Darf ich fragen, warum Sie überhaupt noch hier sind, wenn Sie meinen Garten so fürchterlich finden?**
Dürfen Sie. Ich warte nur noch auf Franz, Hans und Bärli. Wir wollen zusammen die Alpen überqueren. Einsame Höhen, schneebedeckte Gipfel, blühende Bergwiesen … ich kann es kaum erwarten.

**Werden Sie zurückkommen?**
Kommt drauf an.

**Worauf?**
Ob Sie mir eine Frau besorgen. Ich nehme gern die Exhibitionistin aus bruchfestem PVC. Ich mag die blonden Haare.

# Warum ich Buntspecht nicht aufschreiben darf

Als Kind hatte ich einen Vogel. Er hieß Kuki und war ein Wellensittich. Wann immer ich ihn durchs Zimmer fliegen ließ, brachte ich damit meine Mutter zur Verzweiflung, denn Kuki war nicht stubenrein. Ich verzweifelte eher daran, dass er sich weigerte, „Gute Nacht, Schatzi!" zu sagen. Obwohl ich es ihm bestimmt an die hundert Mal vorgesprochen habe. Vermutlich fehlte es Kuki an Sprachtalent.

Oder ich kenne mich mit diesen Tieren einfach nicht gut aus. Das zeigt sich an diesem Sonntagmorgen. Wir, Mutter, Vater, zwei Kinder, sitzen am Küchenfenster, bewaffnet mit Block und Stift. Denn wir sind hier nicht zum Spaß: Wir zählen für den Nabu heimische Singvögel.

„Wow, habt ihr den gesehen? Der war groß. Das war bestimmt ein Mäusebussard", rufe ich und deute zum Schaukelgerüst. Michael, mein Mann, dreht den Kopf in die angegebene Richtung: „Oder ein Gänsegeier", sagt er trocken. Das kommt mir komisch vor. „Lebt der nicht in den Bergen?"

Uns geht es wie 2000 bayerischen Gymnasiasten, die bei einer Studie eindrücklich bewiesen haben, dass sie im Schnitt nur fünf von 15 häufigen Singvogelarten richtig benennen können.

Es ist zudem schwierig, bei dem Kommen und Gehen von Bussarden beziehungsweise Gänsegeiern den Überblick zu behalten. Das Problem bei unseren Gartenvögeln ist auch: Sie sind alle eher klein und irgendwie bräunlich. „Spatzen", schlägt meine Tochter vor.

Michael blättert in seinem Vogelbuch. „Das dahinten in der Hecke war jedenfalls ein Zaunkönig", behauptet er und tippt wie zum Beweis auf einen anderen kleinen braunen Vogel auf der Buchseite. „Streber. Gib mir mal das Buch", verlange ich.

Ich deute auf einen grünlich-gelben Vogel in der Buche: „Da, ein Goldhähnchen-Laubsänger." Aber Michael glaubt mir nicht: „Quatsch, das ist eine Blaumeise."

Ich darf auch den Buntspecht nicht aufschreiben. „Hier ist doch kein Buntspecht", schaltet sich meine Tochter Solveig ein. „Ja-ha. Jetzt ist hier kein Buntspecht, aber letzte Woche schon", behaupte ich. Die anderen wollen das nicht gelten lassen. „Du darfst nur aufschreiben, was du in dieser Stunde siehst."

Wir halten weiter Ausschau. Bis ich geplättet rufe: „Der sieht ja aus wie Kuki!"

„Kuki", sagt Michael bedeutungsschwer und fasst sich an den Kopf. „Oder ein anderer Wellensittich. Am Rhein tauchen auch ständig Halsbandsittiche auf", entgegne ich. „Es kommt durchaus vor, dass geflüchtete Volierenvögel Artgenossen treffen und eine Familie gründen."

Nachdenklich kaue ich auf meinem Stift: Bestimmt hätte auch Kuki lieber von einem Ahorn als der Küchenlampe heruntergekleckst – aber er hat ja nie was gesagt.

Nach einer Stunde haben wir übrigens noch folgende Vögel für unsere Liste ausgehandelt: eine Hinduracke, eine Alpenkrähe und einen Nonnensteinschmätzer. Es könnte aber sein, dass die Hinduracke ein Eichelhäher war, die Alpenkrähe eine Amsel und der Nonnensteinschmätzer eine Elster.

Mit an Sicherheit grenzender Wahrscheinlichkeit lässt sich eigentlich nur sagen, dass weder ein Pelikan noch ein Flamingo in unserem Garten war – jedenfalls nicht in der Stunde, in der wir für den Nabu Wintervögel gezählt haben.

# Alkohol ist auch keine Lösung

Der Supersommer hat angeblich für Superweine gesorgt. Das ist zu begrüßen. Vor allem aus Sicht der Hobbygärtner, die sich dem Thema Alkohol auf nachhaltige Weise nähern wollen.

Das geht, wenn man die Flaschen zur Wegebefestigung nutzt. Schon Hermann Hesse hat neben Büchern auch leere Weinflaschen im Garten verbuddelt, um trittsicher zum Komposthaufen zu gelangen.

Meine Cousine Friedel, selbst ernannte Weinkennerin, bietet mir bei ihrem Besuch spontan an, zumindest schon mal die von Silvester übrig gebliebene Flasche Diefenbach, König Sauvignon Blanc trocken, für den Einsatz im Garten bereit zu machen. Sie will sogar praktisch als Landschaftsgärtnerin tätig werden und mir beim Vergraben dieser und eventuell weiterer Flaschen helfen. „Nur schade, dass ich mein Degustationsblatt nicht habe", bedauert sie.

Der Wein, am Gaumen verhalten, überzeugt mich nicht. Deshalb bin ich auch froh, als Friedel diese erste Flasche beim Schuppen vergräbt. Die Stimmung ist trotz des Nieselwetters recht heiter. Friedel empfiehlt uns für den weiteren Verlauf unseres Weges einen Côtes du Rhône, der sehr schöne Silberreflexe zeigt und uns mit einer tabakig unterlegten Birne auf der Zunge kitzelt. Wir kommen gut voran. Die Erde fliegt uns beim Schaufeln nur so um die Ohren und wir freuen uns an den Orangen im Nachhall.

Aber erst der rote Travertin, der einen herrlichen Schwanz aus Cassis aufweist, bringt einen Durchbruch im Wegebauprojekt: Mit elegantem Schwung graben wir uns um die Schaukel herum. Wir starten die Pause mit einem schönen Spätburgunder, der von Weihnachten übrig ist, und im Abgang recht beerig daherkommt.

Es ist schließlich ein Vino de España, der uns dann ein derart intensives Geschmackserlebnis beschert, dass ich mich kurz an einem Grasbüschel festhalten muss.

Einen Hauch von verbranntem Gummi auf der Zunge, kann ich einige Zeit nur schweigend dem Arbeitslied lauschen, das Friedel gedichtet hat. Es ist eingängig, es hat nur eine Zeile: „Der Weg ist das Ziel."

Von unten betrachtet, sieht man einiges klarer: „Friedel, du hast die Flaschen verkehrt herum eingegraben." Nein, belehrt mich Friedel mit einer vom Wein-Durchkauen schweren Zunge. „Das muss so sein, weil das ein Erlebnispfad wird." Dann macht es Plopp und der Rosé aus der Pfalz ist entkorkt. Friedel wirft den Korken gegen das Schlafzimmerfenster, was Michael, meinen Mann, aufweckt: „Was soll der Unfug?", fragt er aus müden Augen.

Während Friedel weitergräbt, biete ich Michael einen Platz in unserem Gartenbauteam an. „Du kannst dir auch eine kleine Pils-Abzweigung graben – so Richtung Briefkasten", schlage ich vor. Aber Michael sagt, er könne um diese Stunde auf Hopfenbittere und unvergleichliche Frische verzichten und knallt das Fenster zu.

„Das flenst", sagt Friedel und rülpst. Dann sagt sie „Guten Abend" und zwar zu unserem Nachbarn. Der hat offenbar auch einen so leichten Schlaf, dass ihn selbst so ein kleines Geräusch hochschreckt wie das von einem Korken, der an der Fensterscheibe abprallt. „Hören Sie endlich auf ‚Der Weg ist das Ziel' zu brüllen und nehmen Sie sofort ihren Spaten aus meinem Rosenbeet", schimpft er Friedel aus.

Ich weiß noch, dass sie ihn mit einem beschwingenden Schaumwein beschwichtigen wollte. Der Geschmack von feuchtem Stein, eine leichte Muskatnote im Bukett, war rückblickend betrachtet durchaus interessant. Dieser Wein löste bei mir nur eine kleine, nicht weiter nennenswerte Erinnerungslücke aus.

Ich erwähne sie nur, weil diese Kolumne keinen Schluss hat. Ich komme derzeit einfach nicht drauf, wo im Garten ich den Originaltext vergraben habe. Alkohol, das möchte ich noch anmerken, ist doch keine Lösung. Vor allem nicht, wenn man als Gartenbesitzer Wert auf einen gepflegten Rasen ohne Zick-Zack-Wege legt.

## Holz vor der Hütte

„Was habt ihr eigentlich fürs Kaminholz bezahlt?", fragte mich kürzlich eine Kollegin. Ich bin ihr die Antwort noch schuldig.

„Was kostet es?", frage ich leise, während mein Mann mit dem Hörer am Ohr neben mir steht. Er telefoniert mit einem Holzhändler. Er flüstert mir den Preis zu. „Für alles?", wispere ich. Michael schüttelt den Kopf. „Für einen Schüttraummeter Buchenholz", erwidert er leise und erklärt auf meinen fragenden Blick hin: „Das ist ein Würfel von einem Meter mal einen Meter mal einen Meter – voll mit geschüttetem Holz."

Als ich eine Ohnmacht vortäusche, hält mein Mann die Sprechmuschel abermals zu und zischt: „Dafür sind die Lieferkosten günstig – nur zehn Euro." Einen Zehner pro Schüttraummeter, erklärt der Händler, als der Lkw vor unserer Einfahrt gebremst hat. „Ich fahre Ihnen das Holz aber bis vors Garagentor", ruft er vom Fahrersitz aus, die Hände schon wieder am Steuer. Ich versuche, die Breite des Gartentors und die Breite des Lasters abzuschätzen. „Lieber nicht. Das passt nicht." Aber der Mann grinst nur. „Ich bin schon in ganz andere Löcher gefahren."

Das nächste Geräusch, das ich höre, ist ein lang gezogenes Quietschen. Das entsteht, als sich das zwischen Fahrertür und Pfosten eingeklemmte Gartentor langsam am Pfosten hochschiebt. Der Holzhändler steigt aus. „Nichts passiert", höre ich ihn rufen und schon rollt sein Wagen rückwärts weiter, immer weiter, zwischen der niedrigen Buchshecke linker Hand und der hohen Efeuhecke rechter Hand hindurch. Millimeterarbeit wird ihm da bereits abverlangt. Ich sammele die Splitter ein, die mal unser Gartentor waren, und winke hektisch, als sich der Lkw der Pergola nähert, um die sich die Rose Ghislaine de Féligonde und noch die Weihnachtsbeleuchtung ranken. Aber es ist zu spät. Der Lkw rammt den Pfosten und drückt das gesamte Gebilde gegen die Hauswand. Das Holz hält dem ungewohnten Druck nicht Stand. Mit einem Knacken zersplittert der armdicke Balken.

Vor meinen Augen baumelt jetzt die lange Kette mit den winzigen, hellen Glühbirnen. Der Laster rattert währenddessen unaufhaltsam mit gekippter Laderampe aufs frisch gestrichene Garagentor zu. Das Letzte, an das ich mich erinnere, sind Hunderte die Laderampe herabsausende Holzscheite, die den Gartengrill, ein paar Stauden am Rande der Auffahrt und vielleicht sogar die Nachbarskatze unter sich begraben.

„Alles halb so wild", tröstet mich der Holzhändler später und presst sein feuchtes Taschentuch auf meine Stirn. „Die Pergola war sowieso morsch. Da jage ich Ihnen einfach eine Schraube durch und dann hält das."

Der Mann ist unbedingt weiterzuempfehlen. Er hat die Schraube nicht mal berechnet. Ich muss nur noch überschlagen, was die Neugestaltung unseres Außengeländes und ein neues Garagentor kosten, dann kann ich der Kollegin auch den Preis fürs Kaminholz nennen.

# Glaubt der Benjamini auch an Homöopathie?

Langsam mache ich mir Sorgen um unsere Birkenfeige, Ficus Benjamina, 220 Zentimeter groß und fast nackt. Ihr Blattabwurf zeigt mir, dass wir professionelle Hilfe brauchen. Deshalb schrieb ich diesen Brief an einen Pflanzenschutzmittelhersteller.

*Sehr geehrte Damen und Herren,*

*Sie haben homöopathische Notfalltropfen für kranke Topfpflanzen auf den Markt gebracht. Die Notfalltropfen „stimulieren und regenerieren die geschädigten Pflanzen", heißt es in Ihrer Produktbeschreibung. „Natürlich sind häufig Nährstoffmangel, Standortprobleme oder unzureichende Wässerung Gründe für die Pflanzenprobleme", schreiben Sie weiter. Auch Frostschäden könnten in Frage kommen. Aber nun gebe es „direkte Hilfe". Nur zwei Milliliter Ihres Konzentrats im Gießwasser wirkten Wunder. Und da komme ich zu meiner ersten Frage:*

*Homöopathie, das sind doch diese Kügelchen und das ist doch auch etwas, woran man ein bisschen glauben muss. Woher weiß ich, dass mein Benjamini da überhaupt mitspielt? Wenn er lieber konservativ behandelt werden möchte? Und dann bin ich nicht sicher, ob es wirklich nur der Nähr-stoffmangel oder die Lichtverhältnisse sind, die meine Topfpflanze so schlaff wirken lassen. Kann es nicht eher sein, dass wir (laute vierköpfige Familie mit Hund und vielen Terminen) unseren Alltagsstress auf unseren pflanzlichen Mitbewohner übertragen haben?*

*Für den Fall würde sich die nächste Frage anschließen: Wenn in meiner Hausapotheke zufällig noch andere Globuli vorhanden wären – ich habe noch Arnica-Kügelchen von einer Sportverletzung meines Sohnes übrig – könnte man die nicht dem Benjamini genauso gut ins Gießwasser schütten? Den Unterschied merkt der doch gar nicht, oder doch? Und falls er allergisch auf die Arnica-Kügelchen reagieren sollte, woran erkenne ich das?*

*Ich meine, es wäre am besten, ein Mitarbeiter Ihrer Firma kommt mal bei uns vorbei, um sich die Birkenfeige anzuschauen. Wie – Hausbesuche machen Sie gar nicht? Na, dann können Sie mir ja vielleicht einen Fachmann empfehlen, gerne aus dem Bereich Pflanzentherapie.*

*Ich glaube nämlich, das Problem mit dem Blattabwurf ist bei dem Benjamini mehr so ein psychosomatisches Ding.*

*Es grüßt Sie herzlich,*
*Patricia Brandt*

# Ein historisches Ereignis: der Abbau

Niiije. Niije. Michaels Akkuschrauber will sich eben in die verrostete Schraube fressen, die den Spielturm mit Ach und Krach zusammenhält. Doch die Kinder gebieten ihm Einhalt. Das muss man verstehen: Jahrelang dominierte das kombinierte Kletter-Schaukel-Gerüst mit royalblauer Rutsche und Sandkasten unseren Garten und sogar unsere Familienbilder!

Wenn die Kinder klein sind, macht man sich ja keine Gedanken darüber, dass eine solche Anschaffung den Garten über Jahre verschandelt. Es gibt bis heute kein Gartenfoto im Album, das nicht an irgendeiner Stelle royalblau ist. Wann immer es etwas zu feiern gab und die Familie zusammenkam, riet sofort jemand: „Wir machen ein Foto im Garten. Die Kinder sollen mal da hochklettern." Erst dann riefen wir auf Drei: „Ameisenscheiße!"

Die Zeiten sind vorbei: Die royalblaue Rutsche kommt weg. Und mit ihr die tomatenroten Schaukelbretter und das maisgelbe Fernglas, das am Ausguck über dem Sandkasten hing. Ein historisches Ereignis. Von der Größenordnung her vergleichbar mit dem Mauerfall 1989.

Monatelang hatten die Kinder das Klettergerüst komplett ignoriert. Jetzt ist es auf einmal nicht leicht, sie davon fernzuhalten. Sobald Michael festgestellt hatte, dass das Holz morsch geworden war, überkommt sie ein unerklärlicher Drang, die mit Flatterband abgesteckte „Todeszone" zu betreten, die Leiter hochzuklettern den Ausguck auszukundschaften. Sie verspüren plötzlich Lust darauf, ganz toll hoch und sehr wild zu schaukeln. Dass einem angst und bange wird – und das Gerüst bedrohlich knackt.

Sie sagen: „Seht mal! Das Spielgerüst hält. Es ist völlig in Ordnung. Es kann noch stehen bleiben. Ewigkeiten." Aber wir sind taub auf diesem Ohr. Das muss man verstehen: Zwölf Jahre hat uns der Spielturm die Sonne verdunkelt. Selbstverständlich bleiben wir hart wie Hartplastik.

Am Tag des Abbaus stellt sich die Familie zum Abschiedsfoto auf. Wir sagen „Ameisen…". Zu den weiteren Silben kommen wir nicht, denn wir hören hinter uns das Splittern von Holz. Dann gehen zwei von drei Längsbalken dumpf zu Boden.

Ich hätte vielleicht nicht vor Freude über den Abbau in die Luft springen dürfen. Die Kinder haben lange geweint. Solange bis Michael ihnen ein riesengroßes Trampolin versprochen hat. Ein royalblaues.

# Kohl-Koller an der Kohltour-Strecke

Schon von Weitem sehe ich sie, die Meute mit den weißen Namensschildern, die ihnen an roten Bändern um den Hals baumeln. „Achtung", schallt es mir entgegen und ich kann gerade noch in einen Graben springen, um mich vor der blauen Gummikugel zu retten, die mit einem Affenzahn auf mich zugeschossen kommt.

Kohl- und Boßeltouren sind mir ein Graus. Vielleicht liegt es daran, dass ich mit Kohl aufgewachsen bin. All die Jahre immer nur Kohl. Das musste Spuren hinterlassen. Man wusste ja nicht, dass irgendwann Merkel kommen würde. Aber selbst dann tischte meine Mutter noch Kohl auf. Grünkohl, Braunkohl und manchmal sogar Spitzkohl.

So entwickelte ich eine Abneigung gegen alles, was zu Pinkel, Kasseler und Mettenden passt.

Doch der Kohl und seine Anhänger verfolgen mich. Kaum war ich den Kohlgelagen meiner Mutter durch Heirat entronnen, stellte ich entsetzt fest, dass unser neues Heim an einer beliebten Kohltourstrecke steht. Kein Tag vergeht, an dem nicht wildfremde Damen klingeln, zähneklappernd von einem Bein aufs andere treten, und fragen, ob sie mal das WC benutzen dürfen. Neulich erwischte ich zwei Männer, die unseren Küchenschrank durchforsteten. Als sie ein Glas Bockwürstchen fanden, schraubten sie es auf, banden die Würstchen an Paketschnüre und fragten, ob ich beim Bockwurstschwingen mitspielen wolle.

An den Wochenenden kann ich das Haus nicht mal mehr verlassen. Dann kommen die Kohlfahrer in Massen, werfen mit Flachmännern und Teebeutel und es ist zu gefährlich, sich in die Lücken zwischen den einzelnen Gruppen zu begeben. Noch schlimmer ist es, wenn man an solchen Tagen schon draußen ist und herein möchte.

„Wir sind umzingelt", schreit panisch eine Nordic Walkerin mit roter Strickmütze, als ich triefend aus dem Graben steige. Vor uns die johlende Boßeltruppe, hinter uns Kohlfahrer, die mit Schnaps gurgeln. Es klingt irgendwie nach Helene Fischers „Atemlos". Nur mithilfe der Nordic-Walking-Stöcke schaffen wir es, uns bis zu unseren Häusern durchzuschlagen.

Seinen Höhepunkt erreichte mein Kohltrauma übrigens 2009, als der Kindergarten meine Tochter zur Kohlkönigin ernannte. „Wie konntest Du?", fragte ich, als sie mit Pappkrönchen nach Hause kam. Aber das Kind hatte die bioaktiven Substanzen nicht angerührt: „Wir mussten Lose ziehen." Und das ist die volle Wahrheit über die Methoden der niedersächsischen Kohlmafia.

Wenn ich könnte, ich würde ins Exil gehen. Aber es gibt kein Entrinnen. Meine Mutter würde mir Pakete hinterherschicken – mit Grünkohlpralinen, Grünkohltee und Grünkohlchips.

Als ich an diesem Tag zur Tür hineinstürze, kurz bevor mich ein schmutziger Gummistiefel am Hinterkopf trifft, wende ich mich mit verzweifeltem Blick an meinen Ehemann. Dieser reagiert sofort. „Schatz, du brauchst dringend eine Stärkung. Wir haben im Kühlschrank noch eine Flasche eiskalten Grünkohl-Schluck stehen …"

# Ein sensibles Thema

Garagen sind wie Zahnpastatuben. Sie haben das Zeug dazu, den schönsten Ehezwist heraufzubeschwören. Ein Thema übrigens, das sich mit der richtigen Gesprächspartnerin sehr gut am Gartenzaun erörtern lässt.

„Mein Mann hasst mich", erzähle ich seufzend meiner Freundin und Nachbarin, als wir uns zufällig an meinem Gartenzaun treffen. „Versteh' ich nicht", sagt sie. „Wegen der Garage", erkläre ich. „Ach so", sagt sie verständnisvoll. „Garagen sind ein sensibles Thema – in einer Beziehung." „Bei euch auch?", frage ich vorsichtig nach. Sie nickt: „Zu viel Gerümpel, zu wenig Platz." Wir verstehen uns. „Das Schlimmste ist, dass nur ein Auto reinpasst. Eigentlich müsste seins drin stehen, weil es größer und neuer ist. Da gibt es kein Vertun", sagt sie und seufzt. „Aber ich habe keine Lust zu kratzen. Deshalb räume ich die Garage auf – aber natürlich nur so, dass gerade mein Auto reinpasst."

Bei uns ist es anders. „Er wirft mir vor, dass ich aus der Garage eine Müllhalde mache." „Ach nee", meint meine Freundin und grüßt abgelenkt den Briefträger, der mir eine Ansichtskarte in die Hand drückt. „Er sagt, ich mache immer nur die Garagentür auf und schmeiße einfach alles rein." Meine Freundin reißt die Augen auf: „Kann ich mir bei dir nicht vorstellen!" Ich: „Natürlich nicht. Es kann höchstens

mal sein, dass ich ihm die leeren Kartons zum Zerschneiden hinter die Tür stelle, damit er sie gleich sieht. Aus dem Grund habe ich dort auch den kaputten Küchenstuhl hingestellt. Und meine alte Stehleuchte. Vielleicht sind die Sachen reparabel? Hätte er sein Rad nicht über den Häcksler gehoben, wäre er sicher nicht über den Farbeimer gestolpert." „Was denn für ein Farbeimer?", hakt meine Freundin nach. „Den habe ich zurück in die Garage gebracht, nachdem ich eine Stelle an der Kinderzimmertapete ausgebessert habe. Die Kinder haben ziemlich wild getuscht." Sie zieht die Augenbrauen hoch: „Schlimm."

Ich winke ab. „So schlimm war es nicht. Ein paar blaue Flecken, weil er mit dem einem Fuß in den Topf vom Orangenbäumchen geraten ist. Das hatte ich zum Überwintern in die Garage gestellt. Gut, sein Ellenbogen ist zwar noch ein bisschen dick, aber das wird wieder. Und die Farbe kriege ich bestimmt auch aus der Hose." „Ich hatte auch die Tapete gemeint", sagt sie. „So was ist ja immer ärgerlich …"

Wir schweigen ein wenig. „Eigentlich verstehe ich echt nicht, warum er jetzt sauer ist", sage ich nachdenklich. „Er hat überhaupt keinen Grund: Wir haben immer eine ganz klare Regelung gehabt, was die Garage betrifft." Sie schaut mich fragend an: „Und welche ist das?" „Ich räume das Haus auf, er die Garage."

# Als Sabine unseren Strandkorb zerlegte

Der Strandkorb, das mondäne Urlaubsmöbel, das inzwischen auf vielen Terrassen zu finden ist, hat seit jeher die Vorstellungswelt der Menschen beflügelt. Adolf Moritz zum Beispiel stellte 1905 in Lübeck einen Sitzkorb vor, der durch den Anbau von Türen auch als Koffer genutzt werden konnte. Spektakulärer noch die Idee des Lübeckers Wilhelm Schulze: „Will man den Korb als Boot benutzen, so genügt es, ihn einfach umzulegen und zu Wasser zu bringen."

Ich muss nicht unbedingt mit meinem Strandkorb verreisen, weder zu Land noch zu Wasser. Mir genügt es, wenn ich drin sitzen und mich sonnen kann, ohne dass mir der Wind den Krimi aus der Hand schlägt.

Michael, mein Mann, sitzt nie im Strandkorb, was ich seltsam finde: „Du wolltest doch früher immer einen Strandkorb haben", sage ich. Aber Michael meint, das stimme nicht: „Das machst Du übrigens immer so: Du kaufst Strandkörbe, Rosenkissen und anderes Zeug und behauptest hinterher, ich hätte unbedingt eine Lavendelduftkerze haben wollen." Das ist natürlich ungerecht. Ich weiß genau, wie er damals „sehr schön" gesagt hat, als ich ihm den Strandkorb-Prospekt gezeigt habe. Jedenfalls hat sich Michael aus Trotz hinterm Haus einen Pavillon aufgebaut. Mit LED-Lichtern für abendliche Spielerunden.

Nun sitzt er unter dem Pavillondach hinten am Teich und ich im Strandkorb vorn am Haus. Jedenfalls saßen wir hinten und vorn – bis „Sabine" kam. Nach Sturmtief „Kyrill" einer der folgenreichsten Winterstürme. Der Orkan fegte mit 120 Stundenkilometern heran und legte bundesweit erst Flug- und Zugverkehr lahm und dann in unserem Garten Pavillon und Strandkorb flach. Übrigens musste auch das Bundesligaspiel Mönchengladbach gegen Köln sturmbedingt verschoben werden.

Die Versicherungen zahlten 675 Millionen Euro unter anderem für Hausratschäden. Aber nicht für den Pavillon: Er stand zu weit weg vom Haus. „Aber Ihren Strandkorb können wir ersetzen", versprach der Vertreter.

Michael muss die Nachricht noch ein wenig sacken lassen. Aber ich bin sicher, wenn der neue Strandkorb erstmal da ist, wird er sich freuen. Ohne ist die Terrasse so leer und er wollte ja immer einen Strandkorb haben.

# Bohren für Anfänger

O h Gott", sagt die Frau, die hier das Sagen hat und deren Namen ich vor Schreck vergessen habe. „Darum wollte ich nicht, dass die Kinder an diese große Maschine gehen."

Dann drängt sie mich zur Seite, um sich dem wild schleudernden Holzklotz zu nähern, der in der Tischbohrmaschine feststeckt.

Wir anderen Kursteilnehmer stehen ängstlich drumherum. „Mama, du hättest den Holzklotz festhalten müssen", flüstert meine Tochter Solveig mit vor Entsetzen weit aufgerissenen Augen. Denn der Tischbohrer fängt jetzt an zu rauchen.

Ich weiß, dass ein Baumarkt in der Gegend einen Kursus „Bohren und Dübeln" nur für Frauen anbietet und ein anderer zur „Women's Night" ruft: „Keine Angst vor Bohrmaschinen." Aber wer braucht so was?

Ich jedenfalls nicht. Der Kursus „Insektenhotel selber bauen" ist für Kinder ab acht Jahren geeignet, und ich werde wohl noch ein paar simple Löcher in einen Holzscheit bohren können.

Als die Kursleiterin endlich die Maschine stoppen kann, steckt der Bohrer in Solveigs Holzklotz – und zwar so fest, dass ihn selbst die Profi-Handwerkerin nicht mehr herauskriegt.

„Dann durchbohren wir erst mal meinen Holzklotz", schlage ich vor. Die Frau setzt uns geduldig einen anderen Bohrer in das Standbohrgerät. Solveig besteht darauf, den Holz-klotz festzuhalten („Du lässt nachher wieder los"). Ich soll nur den Hebel der Tischbohrmaschine herunterdrücken, um den Bohrer ins Holz zu versenken. Kein Problem für mich.

Der Bohrer frisst sich ins Holz – und bricht ab. „Was machst du denn mit meinen Bohrern?", fragt die Kursleiterin, eine Spur genervt. „Du musst das mit Gefühl machen", setzt sie hinterher und schiebt mich an einen anderen Arbeitsplatz. Dort drückt sie mir eine handliche Bohrmaschine in die Hand. „Versuch's mal mit der."

Meine Tochter hält das Holzscheit. Ich bohre. Und bohre. Und dann bleibt der Bohrer stecken. „Hallo? Könnten Sie bitte mal kommen?" Als die Frau mit gerunzelter Stirn vor mir auftaucht, halte ich ihr den Bohrer mit dem daran hängenden Holzklotz entgegen.

„Unglaublich", sagt sie kopfschüttelnd.

Beim nächsten Anlauf schaffe ich es, den Bohrkopf durchs Holz zu bohren. Leider bleibt er im Arbeitstisch stecken. „Hallo", rufe ich, „wir könnten hier noch mal kurz Hilfe gebrauchen." Es dauert diesmal allerdings ein wenig länger, bis die Bohrmaschine wieder einsatzbereit ist. Die Kursleiterin reicht mir mit undurchdringlichem Blick einen kleinen Handbohrer: „Ich schlage vor, du nimmst lieber den."

Aber mit dem Handbohrer klappt es auch nicht besonders gut. Als ich nämlich versuche, das spitze Ende des Metallstabs ins Holz zu bohren, rutsche ich ab. Und der Bohrer bleibt

wieder stecken, diesmal in meiner Hand. „Aua",
heule ich. „Hilfe. Aua."

Zuerst bekomme ich ein Pflaster, und dann
führt mich die Frau zu einem Tisch mit Ton-
töpfen, Pinseln und Farben. „So", sagt sie
sanft, aber bestimmt, „jetzt malst du diesen
Topf schön bunt an und dann befüllen wir ihn
mit Heu – für die Ohrenkneifer." Diese Art von
Insektenhotel, erfahre ich, baut sie sonst immer
mit Kindergartenkindern. Kann ich mir gar nicht
vorstellen: Also ich kriege diese Farbtuben allein
jedenfalls nicht auf.

# *Traumhaus im Angebot*

Seit meine Mutter auf einem Erdbeerhof war, ernähren wir uns nur noch von Erdbeeren: Morgens frühstücken wir Erdbeermarmelade und trinken dazu Erdbeertee. Mittags gibt es Erdbeersuppe und für die Kinder Erdbeerbrause, und abends kippen wir uns Erdbeerwein hinter die Binde.

In dem Paket, das meine Mutter anschleppte, war noch eine Überraschung. Sie lag ganz unten zwischen Marmeladengläsern und Brauseflaschen. Das Teil hatte die Größe eines Balls, war rot und aus Hartplastik.

„Was ist das überhaupt?", fragte ich. Bei näherer Betrachtung stellte sich heraus, dass es sich um ein Vogelhaus in Erdbeerform handelte. Der bananengelbe Plastikwurm obendrauf hatte mich kurzzeitig irritiert. „Ach ja", rief meine Mutter entzückt aus, „das hat mir der nette Hofbesitzer als Dreingabe mitgegeben. Eure Vögel werden sich freuen über das schöne Vogelhaus."

Seitdem hängt die Riesen-Erdbeere in unserem Garten. Obschon architektonisch ein ziemliches Wunder, gibt es bisher wenig ernsthafte Wohnungsinteressenten. Nur einmal hat eine Blaumeise kurz reingeschaut. „Und das bei der angespannten Wohnungssituation", wundert sich meine Schwester. Ich glaube, sie macht sich heimlich lustig.

Es kann nicht an der Lage liegen. Wir bieten ein Sahnegrundstück im sonnenverwöhnten Osten: unverstellter Blick ins Grüne, freie Einflugschneise, katzensichere Umgebung. Alles, was ein Vogelherz begehrt. Vielleicht klingt das alles zu gut, um wahr zu sein.

Oft hört man inzwischen von Immobilienbetrügern. Was nach einem Traumangebot klingt, entpuppt sich später als Reinfall. Man wähnt sich in einer exklusiven Designerherberge und muss dann feststellen, dass Hartplastik eine schlechte Wärmeisolierung bietet und zudem die Luft nicht zirkulieren kann. Das spricht sich herum.

Da ist es doch kein Wunder, wenn man als Meise vorsichtig geworden ist, und heutzutage nicht mehr auf den Erdbeertrick hereinfällt. Das tun höchstens liebevolle Rentnerinnen, die für ihre undankbare Sippschaft ganze Erdbeerhöfe leer kaufen, weil alle Familienmitglieder schon genug Heizdecken haben.

# Ich werd' noch zum Tier

Auuu", heule ich, und mein Mann weiß sofort, ich mach den Wolf. „Wü -ü", rufe ich, und er erkennt den Wiedehopf. Manchmal schnarre ich auch wie ein Wachtelkönig oder ahme den Paarungsruf des Marders nach.

Es fing schon vor Wochen an. Es war drei Uhr morgens, und erst war mir gar nicht klar, was mich geweckt hatte. Augenreibend sah ich mich müde um. Plötzlich war es wieder da. Dieses unbekannte Geräusch. Ich rüttelte Michael wach: „Hörst Du das auch?" Es folgte ein tiefes Brummen, das aber definitiv nicht von einem Tier stammte, sondern von dem Berg unter der Bettdecke. Murrend schlug er die Decke zurück. „Hörst Du es nun oder nicht?", ließ ich nicht locker. „Sei doch mal still, sonst kann ich ja nichts hören."

Seit dieser Nacht hält uns das seltsame Geräusch wach. Ist es mehr ein „Pffch?" oder doch eher ein gedämpftes „Räb"? Wenn es wieder mal ertönt, starren wir mit offenen Augen in die Dunkelheit und rätseln. „Könnte natürlich der Marder sein", sagte mein Mann einmal. Deshalb machte ich mich tags darauf auf Stimmensuche im Internet. Marder keckern übrigens.

Ich bin mittlerweile eine ganz gute Tierstimmenimitatorin. Und Michael erkennt die Stimmen in der Regel auch. Nur neulich musste ich mir echt die Seele aus dem Leib zischen, bis er endlich auf Gamswild kam. Und dann beschwerte er sich noch, dass die Wahrscheinlichkeit, dass sich Gämse bei uns einquartiert hätten, doch eher gering sei. Seitdem wir uns so tierisch viele Gedanken machen, ist an Schlaf natürlich so gut wie nicht mehr zu denken.

Ich steckte es bisher gut weg, nächtelang bewegungslos auszuharren und auf entlarvende Laute aus der Dunkelheit zu warten. Ich glaube, ich schaffe es inzwischen sogar, mit dem Hintergrund (blau-weiß gestreifte Bettwäsche) zu verschmelzen.

Ich weiß nur nicht, wie lange ich noch durchhalte. Mit brennenden Augen sehen wir uns morgens an und kommen immer noch nicht drauf, wer uns wach hält. Käuzchen? Katzen? Dachse?

Tagsüber, wenn ich nicht auf der Schreibtischplatte einschlafe, suche ich nach einer Lösung im Internet. „Meerschweinchen pfeifen nach ihrem Futter", lese ich. „Glaubst Du, wir haben Meerschweinchen im Haus?", frage ich gähnend

meinen Mann. Mit geschlossenen Augen antwortet er: „Mach mal vor, wie klingen die?"

Der Schlafmangel wirkt sich mittlerweile leider etwas auf meine Konzentration aus. Manchmal habe ich das Gefühl, ich sehe Dinge ddoppelltt oder sssogggarr dddreifffach.

Aber das Universum meint es gut mit mir, über Nacht hat es geschneit. Am Haus sind Tierspuren zu erkennen. Jetzt muss ich nur noch herausfinden, von welchem Tier. Drei Abdrücke sind nah beieinander, ein vierter liegt abseits. Vielleicht ein betrunkener Waschbär?

# Sexy Tulpe

Wer jetzt einen Text über farbenfrohe Frühlingssträuße erwartet, kann sich gleich anschnallen. Zwar stehen auch auf meinem Küchentisch aktuell zehn lilafarbene Tulpen in einer Vase, die nichts machen außer Wasser trinken und gut aussehen. Aber die Tulpe soll viel mehr können als das. Erst kürzlich titelte ein Fachorgan wortgewaltig: „Die Tulpe kann nicht nur Strauß."

Die Titelzeile sprang mir ins Auge. Meine Neugierde war sofort geweckt. Vielleicht nicht ständig, aber hin und wieder hat man sich insgeheim schon gefragt: Was kann die Tulpe eigentlich noch so – außer Strauß?

Kann die Tulpe etwa auch veganes Schnitzel? Oder sogar Schlemmerfilet? Darüber stand zwar noch nie etwas in der Zeitung, aber manche Pflanzen führen solch ein Schattendasein, dass man erst an der Supermarktkasse bemerkt: Ah, Hanf kann also auch Kaugummi!

Oder man schaut nichtsahnend Galileo und denkt plötzlich: Oha, Löwenzahn kann auch Autoreifen? Oder man liest etwas über Pflanzenforschung und stellt hocherfreut fest: Hurra, Steinpilz kann auch Klimarettung!

Zu gern möchte ich es nun wissen: Welche verborgenen Qualitäten stecken in der Tulpe?

Ich habe gesucht und recherchiert, recherchiert und gesucht. Medizin kann sie schon mal nicht. Hätte natürlich sein können. Zumal selbst der langweiligste Rhododendron noch als Antibiotikum gegen multiresistente Keime taugt.

Es gibt 5000 oder mehr Sorten und Arten von Tulpen: Einfach frühe Tulpen, einfach späte Tulpen, Rembrandt-Tulpen und Honky Tonk. Es wäre unfair, sie alle über einen Kamm zu scheren. Aber feststellen müssen wir leider dennoch: Reines Blau kann die Tulpe nicht.

Was ist also ihr großes Geheimnis? Warum tauschten die Niederländer ihre Amsterdamer Stadthäuser gegen Tulpenzwiebeln? Warum ist YouTube voll mit Anleitungen zur Dekoration mit Tulpen? Und warum nennen sich private Saunagirls aus NRW Sexy Tulpe? Woher rührt nur diese Tulpenmanie?

Begierig verschlang ich die Ausführungen der Fachpresse und erfuhr alles. Die Tulpe, stand da schwarz auf weiß, kann nicht nur Strauß: Sie kann auch einzeln in Glasflaschen aufgestellt werden.

So sieht es aus. Das sind die nackten Tatsachen. Zugegeben, ich war bereit gewesen, der Tulpe Größeres zuzutrauen. Wie gern würde ich hier und heute schreiben: Die Tulpe kann

Schach oder Japanisch oder wenigstens Koke-dama. Dann würde sie auf einem Moos-Ball wachsen. Nur gesehen hat man das in der norddeutschen Tiefebene noch nicht.

Die bittere Wahrheit ist: Nach nur vier Tagen neigen die Tulpen in meiner Küche die Köpfe bis zur Tischplatte. Ein trauriger Anblick ist das. Während ich sie aus der Vase ziehe, segeln ihre Blütenblätter langsam zu Boden und mir fällt schlagartig ein: Die Tulpe kann auch Gedicht!

*Rosen, Tulpen, Nelken –*
*alle Blumen welken.*

# Frühlingsgefühle

Neulich fragte mich Leserin S., ob die Kolumne nicht mittwochs und sonntags erscheinen könnte. So sehr freue sie sich über Nachrichten aus dem grünen Bereich. Ich dankte ihr für das nette Lob. Sie lese die Kolumne übrigens auch ihrem Mann vor, fügte sie an. „Der findet die Texte auch lustig, aber am Schluss fragt er jedes Mal: Wie hält der arme Mann von der das bloß aus?"

Ich habe mir schon selbst viele Gedanken darüber gemacht, Herr S. Gerade in diesen Wochen komme ich nicht darum herum. Das Frühjahr zählt zu den heikelsten Zeiten eines Gartenjahres. Der Winter ist ja vergleichsweise harmlos. Da werden nur Pläne geschmiedet. Aber im Frühjahr wird es ernst. Da muss was passieren. Das Frühjahr stellt uns auf eine echte Beziehungsprobe.

Zum Beispiel, wenn es Sonnabendvormittag ist und man feststellt, dass die Terrassenplatten voller Moos sind. „Gehst Du gleich in den Garten?", fragt man deshalb seinen Partner. Und falls darauf die Gegenfrage folgt: „Wieso sollte ich?" Dann sind die Weichen für den Tag gestellt.

In dem Fall kann man gleich darauf hinweisen, dass auch die Holzpergola noch abgebaut werden muss. Es wird möglicherweise ein fragender Ausdruck im Gesicht des Ehemanns erscheinen: „Wieso soll ich die Pergola abmontieren?" Wie einem Kind muss man dann sehr geduldig erklären, dass eine Pergola an der Stelle, wo sie aufgebaut wurde, leider überhaupt keinen Sinn macht, weil die Rosen hier zu wenig Sonne haben. Der fragende Blick wird einer Zornesfalte auf der Stirn weichen: „Aber du wolltest die Pergola doch genau dort haben. Und zwar erst letztes Frühjahr." Und noch etwas später wird ihm aufgehen, dass Rosen Tiefwurzler sind. Es ist wirklich schlimm, aber an solchen Tagen darf man nicht einfach aufhören. Es geht ja darum, den Garten frühlingsfit zu machen. Unbedingt muss man deshalb darauf hinweisen, dass die Nachbarn gerade recht teuer aussehende Lounge-Möbel gekauft haben. Und man selbst leider nichts, aber auch wirklich nichts auf die Terrasse zu stellen hat. Und wenn der Partner antwortet: „Aber wir haben doch noch die Monoblocksessel in der Garage" – muss man das ignorieren und sich schon mal ins Auto setzen und einen Sitzstreik androhen. Bis jemand kommt und einen ins Gartencenter fährt.

Man muss sich in der Tat fragen, und da komme ich auf Sie zurück, Herr S., wie mein Mann das aushält. Herr S., ich weiß es nicht. Ich halte es ja manchmal selbst kaum aus. Es ist zum Verzweifeln, der Garten verlangt uns sehr viel ab, meinem Mann und mir.

## Wo ist Fisch 14?

Wasser macht einen Garten erst interessant. Ich habe diesen Satz gerade in einem Gartenbuch gelesen. Und ich kann aus eigener Erfahrung sagen: Stimmt. Sehr interessant ist zum Beispiel, wie rasend schnell sich Algen in unserem neuen Teich ausbreiten. Interessanterweise kleben die grünen Fäden auch noch am Kescher, wenn man ihn ordentlich schüttelt. Noch viel interessanter aber ist die Anlage eines Gartenteichs. Wir wissen inzwischen: Teichbau ist nichts für Weicheier.

Einen Sommer liegt unser Grabungs-Projekt zurück. Nachdem mein Mann fünf Tonnen Sand und anschließend noch zwei Tonnen Steine bewegt hatte, verzog er am zweiten Abend seines Urlaubs schmerzerfüllt das Gesicht. „Ich glaube, da ist irgendetwas kaputtgegangen", berichtete er und rieb sich den Ellbogen. Echte Männer, das weiß jeder, schaufeln notfalls mit einem Arm weiter. Zumal außer unseren beiden Kindern keine Hilfe in Sicht war, und die Kinder hatten nach viereinhalb Minuten auch keine Lust mehr zu graben. Begeisterter zeigte sich unser Hund. Er buddelte gleich mehrere Löcher, nur leider immer an der falschen Stelle.

Ich beobachtete die Schufterei von meinem Küchenfenster aus, zwischendurch stocherte ich gelangweilt in meinem Erdbeertörtchen herum und blätterte die Zeitung durch. Dabei fiel mir ein, dass ich noch Wichtiges zu tun hatte. Ich musste doch den Fischbesatz herbeitelefonieren. Das war die viel größere Herausforderung als so ein simples Loch zu schaufeln. Ich schätze, die Schmerzen im Arm meines Mannes waren sowieso nichts im Vergleich zu dem Krampf in meinem Oberschenkel. Den bekam ich, als ich die Fische, die in einer Kleinanzeige angeboten wurden, Wochen später mit dem Auto abholte.

Wer schon einmal von Burglesum nach Schwanewede im Schneckentempo mit dem Fuß auf der Kupplung gejuckelt ist, kennt den Schmerz, den ich aushalten musste. Ich konnte aber nicht anders, als gaaaaaanz langsam zu fahren und das nervöse Winken meines Hintermanns zu ignorieren. Hat der mir da einen Vogel gezeigt? Ich durfte jedoch auf keinen Fall schneller werden. Schließlich hatte ich nicht nur zwei Kinder (auf dem Rück-) und Oma (auf dem Beifahrersitz) an Bord, sondern auch noch 14 Goldfische (im großen Maurerkübel zwischen Omas Füßen).

Unsere neuen Haustiere stammten aus einer privaten Teichauflösung. Der freundliche Besitzer hatte sie alle auf einmal loswerden wollen. Wir sollten lediglich einen Behälter für die Fische mitbringen. „Einen Eimer?", fragte ich am Telefon nach. „Ja, zum Beispiel", kam die Antwort.

Als ich im Auto saß und die Fischbrühe schon vor der ersten Kurve überschwappte, war ich mir sicher, dass ich das falsche Transportmittel gewählt hatte. Jedes Mal, wenn ich die Kupplung kommen ließ, schlug das Wasser im Kübel Wellen.

Unsere Oma zog angesichts der Brandung erst die Augenbrauen, dann die Füße hoch. Solange ich gleichmäßig fuhr, ging es noch. Aber als wir eine Buckelpiste im Tempo-30-Gebiet nehmen mussten, kreischte Oma vorne und die Kinder hinten. Oma juchzte wegen der kalten Güsse auf ihren Zehen. Die Kinder schrien aus Angst vor fliegenden Fischen.

Bereits nach dem ersten Kreisch-Alarm stellte ich bestürzt fest, dass eine erkleckliche Menge Wasser auf die Fußmatte geschwappt war. Vor meinem inneren Auge sah ich meinen Mann, wie er in seinem Feierabend mit gerunzelter Stirn Wasser aus dem Fußraum würde schöpfen müssen. Und das mit nur einem, noch einigermaßen intakten Arm.

Als wir nach gefühlten Stunden zu Hause ankamen, die meisten von uns feucht-fröhlich, entließen wir natürlich zuerst die Fische in den neuen Teich. Doch wie sich herausstellte, waren es nur noch 13 statt 14 Fische.

Am interessantesten ist eigentlich die Suche nach dem Goldfisch, den wir aus nachvollziehbaren Gründen Nemo genannt haben. Immer, wenn wir jetzt am Teich sitzen, halten wir Ausschau nach unserem geschuppten Freund. Vielleicht hält er sich unter einem Seerosenblatt versteckt. Woanders kann er nicht sein. Unter der Fußmatte im Wagen war er jedenfalls nicht. Ehrlich, da habe ich gleich als Erstes nachgeschaut.

# Filmreife Darbietung

Es ist ein bisschen wie in meinem Lieblingsfilm: Rocky rennt in grauer Jogginghose durch Philadelphia, Ziegelsteine in den Händen, an brennenden Mülleimern vorbei. Irgendwann lässt Mickey ihn noch ein Huhn fangen, um seine Wendigkeit zu trainieren.

„Tut mir leid", ruft Anja, als ich in Jeans an ihren Buchskugeln vorbeirenne, zwar ohne Ziegelsteine, aber wie Rocky auf Hühnerjagd. „Du weißt ja, ich kann die Viecher nicht anfassen." Das Huhn gehört wahrscheinlich in den Nachbargarten. Ich soll es einfangen. Wenigstens lässt mich Anja nicht noch einarmige Liegestütze machen und auf Rinderhälften eindreschen. Bei den Liegestützen würde ich auch nicht mitmachen.

Anja ist der einzige Mensch in der Nachbarschaft, der Angst vor Hühnern hat. Bei allen anderen ist Hühneritis ausgebrochen. Jedenfalls dem Gackern nach zu urteilen. „Die haben alle mitbekommen, wie die Schauspielerin Jennifer Garner an ihrem Haushuhn hing", glaubt Anja. Regina George, so hieß die braune Henne, soll der Amerikanerin stets treue Begleiterin und Zuhörerin gewesen sein. Zusammen saßen sie auf der Couch, Regina aß gedörrte Käfer.

„Kann der Nachbar sein Huhn nicht selbst fangen?", frage ich mit heraushängender Zunge. „Der geht nicht ans Telefon", sagt Anja aus sicherer Entfernung. Sie steht an der geöffneten Terrassentür. Ich probiere eine neue Taktik: „Regina II.", flüstere ich, um Vertrauen zu schaffen. Das Huhn legt den Kopf schief – und flattert davon. „Bei Wikihow heißt es, in der Nacht hätte man bessere Chancen, ein Huhn zu fangen", sagt Anja. „Nachts schlafen sie." Wir nutzen die Zeit bis Sonnenuntergang, um beim Nachbarn Sturm zu klingen. „Der Stefan ist in Lappland, was'n los?", kommentiert ein älterer Herr unsere Bemühungen. Er meint auch, wenn wieder ein Huhn ausgebüxt sei, dann Pech. Er könne jedenfalls nicht helfen. „Rücken", sagt er und zeigt mit dem Daumen nach hinten. Als wir wieder drüben sind, hat Regina die Terrasse verlassen und ihr neues Hühnerhaus bezogen: Gackernd sitzt sie auf Anjas Sofa.

Regina II. scheint eine gute Zuhörerin zu sein: Als Anja mich fragt, ob ich zum Abendessen bleibe, legt Regina sofort ein Ei aufs Sofakissen.

Ich war schon immer für Gesprächstherapie. Bei Anja und Regina könnte es klappen. Anja sagt, sie würde sich jetzt auch trauen, das Huhn mal zu streicheln. Aber ich denke nicht, dass sie es je zu fassen kriegt. Bei Rocky war das was anderes – aber das war schließlich auch ein Film-Huhn.

## Vogelfrei im Rosenbeet

Kürzlich entdeckte ich eine Umfrage: „Werden Sie am Samstag nackt gärtnern?" Es gab vier Möglichkeiten, zu antworten. Sie reichten von: „Ja, ich gärtnere das ganze Jahr nackt" bis: „Nein, ich finde das doof."

„Es geht nicht darum, sich anderen Menschen unbedingt nackt zu zeigen", sagt Corky Stanton von Clothes Free International. „Aber natürlich kann es gut sein, dass Sie beim Nacktgärtnern endlich mal mit ihren Nachbarn ins Gespräch kommen." Seit ich das gelesen habe, frage ich mich, welches Thema Frau Müller wohl anschneiden würde, wenn sie morgens mit ihrem Hund bei uns vorbeikäme und mich nackt am Zaun stehen sähe, nur bedeckt mit meiner Gießkanne.

Aber die Deutschen gelten in der Freikörperkultur ja als Vorreiter. In Scharen bevölkern sie seit Jahrzehnten FKK-Strände. Das ist gut so. Meint der Initiator des Welt-Nackt-Gärtnern-Tags, Mark Storey. Dass wir stets Kleider tragen sollen, verhindere nämlich, dass wir der Natur nahe kommen. Ich finde aber, es lohnt sich, über Verletzungsgefahren nachzudenken. Zum Beispiel bevor man hüllenlos ins Rosenbeet steigt, um eins mit der Natur zu werden. Und wer als Barfußindianer unterwegs ist, muss damit rechnen, beim Nackt-Unkrautflammen Haare zu lassen. Und das ist auch so eine Frage: Darf man es überhaupt seiner Mitwelt zumuten, dem Löwenzahn als Nackedei zu Leibe zu rücken? Wer will schon an all den Gärten vorbeigehen, in denen zwischen Fingerhut, Phlox und Petunien plötzlich auch blanke Hinterteile emporragen?

Ein bisschen peinlich wäre es mir schon. Mein Garten hat mich nämlich noch nie splitterfasernackt gesehen. Frau Müller auch nicht.

Ich habe die Umfrage dann doch nicht ausgefüllt. Der World Naked Gardening Day ist sowieso vorbei. Er war schon Anfang Mai. Sei's drum. Vielleicht nächstes Jahr.

Ich fange jetzt erst einmal klein an. Gerade versuche ich es mit Nackt-Schreiben. Fühlt sich irgendwie sehr befreiend an. Machen Sie doch mit: Ziehen Sie sich aus und probieren es mit Nackt-Lesen.

48

# Moderne Schädlingsbekämpfung

Er habe eine Lebendfalle für den Marder gekauft, erzählte mir Jochen. Alles andere entspräche nicht der political correctness, hätten ihm seine Töchter erklärt. „Aber dann", sagte Jochen und klang gewaltbereit dabei, „wenn ich ihn habe, dann tackere ich ihn nachts heimlich auf der Straße fest und fahre mit dem Auto drüber". Das ist genau genommen auch nicht ganz korrekt, dachte ich sofort. Unter Umweltschutzaspekten gesehen. Er musste wenigstens das Rad nehmen.

Aber Jochens Töchter haben natürlich Recht. Wir können nicht das Artensterben beweinen, und dann die Tiere im Garten noch eigenhändig um die Ecke bringen. Im Gegenteil: Der kleinste Sechsbeiner zählt heute doppelt.

Menschen wie ich, die friedlich ihre Lieblingsrosen umhegen, haben ohnehin kein Verständnis für derart barbarisches Vorgehen. Wenn ich mich leise summend um Blüten und Blättchen kümmere und mich am Zirpen und Tirilieren erfreue, könnte ich keiner Fliege etwas zu leide tun. Aber was ist das? Die Blätter meiner Lieblingsrose sehen plötzlich aus wie kubanische Zigarren. Wer hat die denn eingerollt?

Im Inneren der Röhren hocken die schwarzen Larven der Blattrollwespe. Ich ertappe sie dabei, wie sie die erste Hautschicht von Bobby James' Blättern auffressen. Die garstigen Viecher! Richtig wütend kann man über solches Verhalten werden. So wütend, dass man zum Baumarkt fährt.

„Haben Sie was gegen Blattrollwespen?"

„Ja", sagt der Verkäufer, „aber das ist nicht ohne. Sie können auch erst versuchen, die befallenen Blätter abzuschneiden."

Hinter mir tauchen die Töchter von Jochen auf. Quasi Greta Thunberg I und II. „Sie wollen das Schädlingsfreimittel hoffentlich nicht kaufen, Frau Brandt!? 75 Prozent der Biomasse sind schon verschwunden!", sagt Greta Thunberg I. „Natürlich nicht!", versichere ich und funkele den Verkäufer so lange böse an, bis er das Mittel unter dem Tresen verschwinden lässt. „Ich möchte den Beton-Buddha dahinten. Würden Sie ihn einpacken?"

Der Verkäufer und seine zwei Kollegen wuchten Minuten später ein 65 Kilogramm schweres Paket auf den Einkaufswagen.

Ich halte mich einige Zeit hinter dem Ständer mit den Gurkensamen auf, bis die Luft rein ist.

Als ich wieder am Tresen stehe, blickt mich der Verkäufer aus schmalen Augen an: „Sie wollen's also doch?"

Ich nicke mit verschwörerischer Miene und schüttele dann schnell den Kopf, denn unter dem gleißenden Licht der Neonröhren taucht eine radikalökologische Bekannte auf. Sie trägt ein Shirt mit der Aufschrift: „Wer Umweltprobleme nicht ernst nimmt, ist selbst eins."

Der Verkäufer deutet auf einen Kunststoff-Frosch, der quaken kann: „Den haben wir im Angebot, wollen Sie den mitnehmen?"

Kurz vor Ladenschluss schlendere ich an die Theke. Der Verkäufer begutachtet meine Rasta-Locken. „Rücken Sie es einfach raus", zische ich ihm zu, wobei meine Plastik-Nase etwas verrutscht.

Aber just in dem Moment steuert Jochens Frau auf uns zu. Ich weiß nicht, ob sie mehr für den Marder oder ihren Mann ist und ob sie mich trotz der Rasta-Locken erkennt. Deshalb hat der Verkäufer mir dann lächelnd geholfen, eine Profi-Akku-Sense einzuladen.

Ich will schon aufgeben und den Baumarkt verlassen, aber dann kommt mir eine gute Idee: „Führen Sie Lebendfallen für Larven in ihrem Sortiment?"

## Der Schmerz aus dem Ameisenpo

„Spenden Sie für Ameisen", bittet eine sonore Stimme. Sie gehört zu einem Förster mit gemütlichem Bauchansatz. Da steht er auf der Lichtung, hinter ihm wird Erbsensuppe an Spaziergänger verkauft, und er hält eine zerbeulte Dose mit Schlitz unter meine Nase. „Bitte."

Schwerkranke Kinder, einäugige Straßenhunde, von mir aus auch halb abgefackelte Gotteshäuser und stinkreiche Instagram-Ikonen – ich bin da, wenn ihr etwas von meinem Geld braucht. Gäbe es Leute wie mich nicht, wäre Kylie Jenner nie zu ihrer Milliarde gekommen.

Ich habe praktisch immer die Spendierhosen an. Bloß Ameisen gehörten bisher nicht zu den Nutznießern meiner Gunst. Und wenn sie aus meiner Zuckerdose naschen, einen im Küchenschrank vergessenen Lutscher entdecken oder Donuts von der Kaffeetafel stibitzen, dann ohne mein Wissen und vor allem ohne mein Einverständnis.

Es war bisher sogar so, dass ich den Ameisen den Zucker/Lutscher/Donut gleich wieder weggenommen habe. Ich denke nicht im Traum daran, ihnen meine Vorräte zu überlassen. Jedes Kind weiß: Wenn man Ameisen den kleinen Keks gibt, wollen sie gleich die ganze Dämmung aus der Wand.

„Spenden Sie für Ameisen?", wiederholt der Förster, der zudem Chef der Ameisenwarte ist. Es klingt jetzt eher wie eine Frage. Versuchsweise schüttelt er erneut die Dose.

Während ich unschlüssig in meiner Tasche krame, frage ich mich, was der Förster mit dem Geld anfangen will. Das Leben der Ameisen ist bestimmt von Disziplin und Arbeitsteilung.

Der Straßenbau finanziert sich von allein. Der Superorganismus weiß sich aus eigener Kraft zu helfen. Und wenn ihnen einer blöd kommt, dann schicken sie ihm eine Kamikazeameise auf den Hals, die schnell ihr Hinterteil explodieren lässt. Zumindest, wenn sie aus Borneo stammt. Alle anderen beißen mit dem Vorderteil.

Der Förster steht noch vor mir. Freundlich schaut er aus. Fast bekomme ich Mitleid mit ihm, denn langsam dämmert mir, warum er da mit der Sammelbüchse wartet: Die Waldameisen haben ihn gezwungen, Nachschub an Zucker/Donuts/Lutscher zu besorgen.

Im Ameisenstaat nennt man das Rekrutierung zur Futtersuche. Wenn er nicht spurt, wird er vermutlich hart bestraft.

Es klimpert, als mein Zwei-Euro-Stück durch den Schlitz seiner alten Büchse fällt. Mit Verschwörermiene flüstere ich dem bemitleidenswerten Kerl zu: „Kaufen Sie Gurken, Mann. Das könnte Ihnen helfen. Grüne Gurken sind ein wirksames Hausmittel gegen Sie-wissen-schon-wen."

# Waldbaden für Anfänger

Ich gehe mit der Zeit. Erst neulich fand ich mich in der Mitgliederzeitschrift einer großen Krankenkasse bestätigt: „In", hieß es auf Seite 46, seien Spaziergänge in der Natur. Und ich spaziere doch so gern. Mit Kind und Kegel sogar. Man könnte sagen, wir spazieren alles ab, was uns vor die Füße kommt: vom Eggental bis zum Hasbruch.

Bei einer dieser Gelegenheiten sahen wir vor Kurzem am Wegesrand einen rundlichen Mittsiebziger, der sich verschämt an eine Buche drückte. Ich war sicher, hier einen Waldbadenden entdeckt zu haben. Shinrin Yoku, wie das Baden in Waldluft auf Japanisch heißt, ist im Inselstaat ein Wellness-Trend.

Doch wo der Japaner mühelos eintaucht in würzige Waldluft, um durch die chemischen Botenstoffe der Bäume zu gesunden, muss der Deutsche erstmal einen Anfängerkursus belegen. Zum Beispiel im Waldresort Hainich in Thüringen. Denn die Thüringer verstehen es nicht nur, Rostbratwürste zu brutzeln. Sie haben das japanische Waldbaden quasi ins Deutsche übersetzt: Shinrin Yoku Hainich.

Die deutsche Variante geht so (stelle ich mir vor): Der Badegast kommt fünf Minuten vor der Zeit und knotet schnell ein Handtuch um einen Baum. Niemand will schließlich leer ausgehen.

Denn wenn man als Waldbadegast zu spät kommt, sind die besten Bäume in der ersten Reihe schon besetzt.

Nach einer 15-minütigen Einweisung der Lehrkraft im fachgerechten Ein- und Ausatmen (die Iso-Sitzkissen werden vom Veranstalter gestellt) stehen als weitere Punkte auch Moosschnüffeln und Rindenlecken auf dem Wellness-Programm.

Um wirklich loslassen zu können und runter-zukommen vom Stresslevel muss der Kursteil-nehmer allerdings erst mal hoch – und zwar bis in den Wipfel. Sobald neben Vogelgezwitscher auch Schreie im Wald zu hören sind, ist klar, dass einer zu früh losgelassen hat und die Waldatmo-sphäre nun wieder vom Boden aus aufnimmt.

Sobald der Kursleiter zur Mittagsstunde die ersten verkohlten Thüringer vom Grill geholt hat, werden gebrochene Arme und Beine ge-schient. Dann wird das Picknickgeschirr ein-gesammelt, und die Ersten bieten sich beim gemeinsamen Mülltrennen das Du an.

Das darf nicht über den Ernst der Lage hin-wegtäuschen: Mit der Stoppuhr misst der Kurs-leiter nach der Pause, wer den größten Sieges-willen zeigt und am schnellsten entspannt.

Um die Teilnehmer zu Höchstleistungen anzuspornen, dröhnt Rammstein aus der mobilen Anlage. Die Waldbadenden beginnen, Baum-Energie zu tanken, als wäre es Sangria aus dem Eimer. Es wird nicht lang dauern, bis dem Ersten die chemischen Moleküle zu Kopf steigen und er denkt, selbst ein Baum zu sein.

Für mich ist das zu anstrengend, und Wald-baden ist ja bei uns nicht mal „in". Ganz anders als „eine Kanne Rooibos mit Karamellge-schmack trinken" (Platz zwei) und „eine alte Freundin anrufen" (Platz drei).

Glauben Sie nicht? Dann fragen Sie doch mal nach bei den Trendsettern von Ihrer Kranken-kasse.

# Ob Tornado oder erster Weihnachtstag – es wird gemäht

Über Nacht wurde Theunis Wessels, Futtermittelexperte aus Kanada, berühmt, weil er den Rasen hinter seinem Haus gemäht hat. Und zwar während ein Tornado an seinem Grundstück vorbeifegte.

Theunis Wessels wird von der Internetgemeinde inzwischen als Chuck Norris des Rasenmähens gefeiert. Und er legt die Messlatte höher für alle Gartenbesitzer weltweit. Was schert mich die Lebensgefahr? Hauptsache das Grün hinter der Hütte ist picobello.

Möglich ist natürlich, dass der Duft des frisch geschnittenen Grases beruhigend auf Theunis Wessels wirkte. Der Geruch reduziert Stress, haben Forscher der Universität in Queensland herausgefunden. Interessant ist, nebenbei bemerkt, dass es ihnen sogar gelungen sein soll, eine „Eau de Gras"-Duftnote zu kreieren.

So beruhigend geschnittenes Gras auf Menschen wirkt, so erzeugt der Schneidevorgang selbst doch oft Stress. Forscher der Uni Mannheim nennen zwölf Beispiele, jemanden zum Rasenmähen aufzufordern. Der Partner kann zum Beispiel unterstellen, dass der andere sowieso gerade mähen wollte. Er kann sich auch mit einer Situationsbeschreibung begnügen: „Gemähter Rasen ist besser als diese Wildnis." Notfalls wählt man die ganz harte Tour: „Vergiss nicht: Morgen will sich Mutti die Rosen ansehen..."

Theunis Wessels' Frau jedenfalls war stolz auf ihren coolen Mann. „Mein Tier mäht mit einer Brise im Haar", schrieb sie unter das Facebook-Foto, das sie von ihrem Gatten, dem Rasenmäher und dem herannahenden Tornado schoss.

Kann sein, dass der Tornado-Mann einen neuen Trend auslöst: Extrem-Mähen. Anders als bei Fidget-Spinnern, Klangwellen-Tattoos und Wimpernlifting muss man aber nicht erst darauf warten, dass der Trend über den Teich zu uns rüber schwappt. Extrem-Mäher gibt es längst in unserer Gegend.

Mein Mann zum Beispiel mäht ausschließlich extrem – extrem selten. Oder der Nachbar meiner Kollegin B. Der gehört der Bewegung der Frost-Mäher an. Er kennt keine klammen Finger und keine kalten Füße. Nicht mal Weihnachtsvorbereitungen halten ihn ab: Er mäht von Januar bis Dezember durch. Zweimal wöchentlich. Manchmal muss ein Mann tun, was er tun muss. Und wenn an Heiligabend der Rasen einen Millimeter zu hoch steht – dann ist das eben so und muss geändert werden.

Ich hoffe, der Michael lässt sich wirklich mal von dem neuen Hype anstecken. Wenn das passiert, dann poste ich am ersten Weihnachtstag vielleicht auch ein Bild auf meinem Facebook-Account. Da steht dann: Mein Tier mäht mit ein paar Eiszapfen im Haar.

# Unkrautvertilger, bitte zu Tisch

Zu den großen Mysterien der Welt gehört für mich neben den geheimnisvollen Skulpturen der Osterinsel und dem legendären Alcatraz-Ausbruch von 1962 die Tatsache, dass Zierrasen besonders dort gut gedeiht, wo man ihn überhaupt nicht gebrauchen kann, nämlich im Zierbeet. Dabei sollte ich eigentlich froh sein, dass bei mir Gras wuchert und nicht Giersch.

Giersch, wegen seines Aussehens auch Geißfuß genannt, breitet sich aus wie die Pest. Eine Bekämpfung ist scheinbar aussichtslos: Selbst aus kleinsten Wurzelresten treibt das Unkraut wieder aus.

Einige meiner Gartenfreunde sind aus lauter Verzweiflung schon dazu übergegangen, den Feind aufzuessen: Jochen zum Beispiel. Er meint aber, der Giersch schmecke gar nicht mal so übel, irgendwie nach Petersilie: „Eignet sich toll für Pesto und Smoothies."

Giersch-Smoothie – das klingt gesund und ist es auch. Giersch war früher als Arme-Leute-Spinat bekannt. Trotzdem hätte ich nicht gedacht, dass ein grüner Smoothie eine vollwertige Mahlzeit ersetzt wie, sagen wir mal, Hamburger mit Pommes.

Man weiß doch immer zu wenig über die gesunden Sachen aus dem eigenen Garten. Wie man beim Giersch aus Unwissenheit überhaupt viel falsch machen kann: Es fängt beim Mixen an und hört beim Trinken auf. Wenn man den verschiedenen Blogs im Internet vertraut, gehört die falsche Trinkweise von Smoothies zu den größten Anfängerfehlern überhaupt.

Auch Jochen wusste nicht, dass man einen Giersch-Smoothie nicht trinkt, sondern einspeicheln muss. Dazu behält man die grüne Soße möglichst lange im Mund und macht Kaubewegungen. Auch, wenn es nichts zu kauen gibt. Gekaut werden muss trotzdem – dem Darm zuliebe. Sowieso kommt es bei Smoothies sehr auf die Mischung an. Wenn man darauf Wert legt, nicht den Rest des Tages unter der Zimmerdecke zu hängen, sollte man auf Karotten verzichten. Stärkehaltiges Wurzelgemüse verstärkt die Gasbildung im Darm.

Ich hatte bereits überlegt, Jochen und weitere nette Unkrautvertilger auf einen Smoothie einzuladen. Ich habe zwar keinen Giersch im Garten, aber sicher hätte ich eine Alternative im Unkrauteimer gefunden, die ich hätte anbieten können. Nur fehlt mir der Mut zu experimentieren, seit ich gelesen habe, dass Löwenzahn-Blaubeer-Smoothies geschmacklich gesehen Erbrochenem recht nahe kommen.

Außerdem, wenn ich mir vorstelle, dass wir alle am Terrassentisch sitzen und gemeinsam das Einspeicheln üben, also: Das macht mein Magen nicht mit.

# Wie ich achtsam wurde

Von dieser Achtsamkeitssache hatte ich noch gar nichts mitbekommen, bis eine Bekannte von ihrer Achtsamkeitsglocke im Garten berichtete. Immer dann, wenn der Gong ertöne, achte sie nun besonders auf den Moment. Sie erinnerte sich an ein Gartenerlebnis, das sie völlig unvorbereitet getroffen hatte. Sie schien noch aufgewühlt, als sie davon erzählte: „Ich hatte diese Kräuterspirale gebaut und mich auf eine Bank gesetzt und dann passierte es irgendwie, dass eine einzelne Haarsträhne in mein Gesicht wehte. Ich saß einfach da und spürte das Haar auf meiner Haut."

Seit dieser Geschichte gehe auch ich achtsamer durchs Leben. Wenn ich morgens aufstehe, beginne ich mit einem achtsamen Bodyscan auf der Bettkante, ich putze achtsam meine Zähne und verschlinge auch mein Mohnbrötchen nicht mehr so wie früher. Ich spüre jedem Bissen nach, fühle, wie das Brötchen am Gaumen klebt und langsam aufweicht, bevor ich es hinunterschlucke. Dann pule ich mit der Zunge noch stundenlang achtsam Mohn aus den Zahnzwischenräumen.

Wenn ich in die Stadt fahre, nehme ich den Stau jetzt ganz anders wahr: Ich genieße den Zustand des totalen Stillhaltens. Nach Feierabend gieße ich achtsam die Geranien auf der Terrasse. Und wenn ich vorsichtig eine vertrocknete Blüte abzupfe, notiere ich das in meinem Achtsamkeitstagebuch.

Es fällt mir nicht leicht, immer geistig völlig auf der Höhe zu sein und zum Beispiel achtsam um jede Ameise auf der Terrasse herumzufegen. Damit ich nicht vergesse, achtsam zu sein, habe ich mir eine Achtsamkeitsapp auf mein Smartphone geladen. Wie in einem Kloster bimmelt nun in Abständen die Achtsamkeitsglocke, um mich ins Hier und Jetzt zurückzuführen. Wenn's gongt, halte ich inne, erkenne, was ich tue, atme bewusst ein und aus und lächele.

Die App funktioniert ganz gut. Sie half mir erst kürzlich dabei, den Augenblick beim Elternabend auszukosten, als 21 Augenpaare auf mir ruhten, weil in meiner Hosentasche der Achtsamkeitsgong ertönte. Der Gong sorgte aber auch für Irritationen: Einige Eltern standen lächelnd auf, weil sie dachten, der Elternabend sei vorbei.

„Lausche, lausche, dieser wunderbare Klang bringt mich zum gegenwärtigen Moment zurück", soll der buddhistische Mönch Thich Nhat Hanh gesagt haben. Meine Bekannte meinte, ich könne mir für das Achtsamkeitstraining auch eine andere Achtsamkeitsglocke suchen. Es müsse nur ein bestimmter Ton sein, der regelmäßig wiederkehrt und einen daran erinnert, dass man den gegenwärtigen Moment bewusst

wahrnimmt: „Auch das Telefon kann deine Acht-samkeitsglocke sein." Seit dem Elternabend spiele ich mit dem Gedanken, Silvesterraketen zu nehmen. Bis zum Jahreswechsel spüre ich dann nach, wie es sich anfühlt, achtlos zu sein.

Gerade ging ich an den Rhododendren vorbei, ohne die verwelkten Blüten auszubrechen.

Ich reflektiere, wie sich das auf mein Wohl-befinden auswirkt. Ich halte inne, atme tief ein und aus und lächele.

# Können Sie Blutzikade und Kellerassel auseinanderhalten?

Es gibt heute mehr Insektenfreunde als Insekten. Jede Menge Frauen, Männer und Kinder treiben sich derzeit in Bremens Gärten und Parks herum, um Gemeine Florfliegen, Steinhummeln und Lederwanzen zu suchen. Wenn sie nicht gerade auf der Pirsch sind, lernen sie alles über Insekten.

Kinder, die heute nicht wissen, dass der Plattbauch der Name einer Libelle ist, werden in der Schule ausgelacht. Wer sich nicht mit Insekten auskennt und nicht mal einen Wollschweber von einer Kamelhalsfliege unterscheiden kann, muss sich nicht wundern, wenn er die Insekten-Rätsel verhaut, die jetzt in den Zeitschriften zu finden sind. Oder wenn ihm beim Kreuzworträtsel nicht mal der Aaskäfer mit neun Buchstaben einfällt.

Warum müssen wir neuerdings überhaupt so viel über Insekten wissen? Weil Heuschreckenspieße die neue Currybrat sind und Kinder quengeln, wenn sie beim Streetfoodfestival nur Pommes und keine frittierten Mehlwürmer bekommen.

Es hat seinen Grund, wenn der Nabu mit einer neuen App darauf hinweist, dass das Blut des asiatischen Marienkäfers eine gelbe, stark übel riechende Flüssigkeit ist, die er ausscheidet, wenn er sich bedroht fühlt. Sogar Mäuse spucken den bitteren Käfer wieder aus. Ehe wir in den Garten gehen und wild alles einsammeln, was sechs bis acht Beine hat, um es in die Fritteuse zu stecken, tut nämlich Aufklärung Not.

Damit wir zwei Fliegen mit einer Klappe schlagen und uns nichts zwischen die Kiemen hauen, was ungenießbar ist, hat Der Spiegel in diesem Frühjahr die zehn wichtigsten Regeln des Biologen Johannes Vogel für das Zubereiten von Krabbeltieren veröffentlicht.

Wer ungern lange in der Küche hantiert, um Heuschrecken aufzuspießen, greift auf Spinnen zurück. Sie sind das Fast-Food unter den Insekten, weil der Kopf dranbleiben kann: „Am vorderen Körperteil hängen die proteinreichen Laufbeine."

Zu den Filetstücken gehören beim Insekt der Brustbereich mit Hinterleib und die dickeren Beinstücke. Wer nur Flügeldeckel, Flügel, kleine Beinstückchen und Beinhaken abbekommt, braucht gar nicht erst auf einen Energiekick zu hoffen.

Eine Empfehlung Vogels sind über der Glut geröstete Ameisen-Rouladen. Das Rösten von Spinnen und Insekten empfiehlt sich ohnehin, da die meisten von ihnen Parasiten übertragen.

Hitze soll auch Gift unwirksam machen. Garzeit für eine große Spinne: Fünf Minuten. Die Vogelsche Faustregel lautet: „Wenn keine Flüssigkeit mehr heraustropft, ist die Spinne fertig."

Wenn ich mich heute in meinen alten Opel setze, hoffe ich, dass ich überhaupt noch ein Mittagessen für vier Personen zusammenbekomme. Aber wenn plötzlich alle nur noch Käfer im Speckmantel snacken wollen, müssen wir uns wirklich nicht wundern, wenn bald kein einziges Insekt mehr übrig ist, auf das wir mit unseren Windschutzscheiben Jagd machen können.

"FAWIS"
Documenta
2017

# Pinökel, Pinöpel, Pinöpsel?

Ganz so leicht wie uns die Bedienungsanleitung für die elektrische Weihnachtskerze GWK 9091 Glauben machen will, ist die Welt der Selbermacher nicht. Von wegen „Auspack und freu". Nur mal kurz „Slippel A kaum abbiegen und verklappen in Gegenstippel B", dann „mit Klamer C in Sacco oder Jacke von Lebenspartner einfraesen" und schon „laecheln fuer Erfolg". Mitnichten ist die Sache geritzt, wenn es um den Aufbau des Tomatengewächshauses Fawis 4323803 geht. Wegen der Anleitung – und wegen der Pinökel.

Eigentlich dachte ich immer, es heißt Pinöpel oder Pinöpsel, aber mein Mann meint ja: „Pinöpel sagt in Norddeutschland kein Mensch." „Gut", sage ich, „aber dann finde ich es ziemlich gemein, dass es Menschen gibt, die Zugezogenen gleich den kompletten Start in ihr neues Leben an der Alster versauen." Denn auf der Seite „Hamburg für Anfänger" wird Neubürgern erklärt, dass der Pinöpel ein Gegenstand ist, bei dem man nicht auf Anhieb sagen kann, um was es sich dabei eigentlich handelt.

Zurück zum Aufbau des Tomatengewächshauses Fawis 4323803, zwei Meter hoch, 1,70

1,70 Meter breit. Ungefähr 50 Teile stecken in der Verpackung. Viele sind klein, grün und bestehen aus Kunststoff, sind also genau das, was mein Mann Pinökel nennt. Die Frage ist, wo genau wir sie in dem Wust aus Metallstangen verbauen sollen. Die Hersteller halten sich da bedeckt. Beigepackt sind nur Bilder mit Zahlen und Buchstaben darauf. Immerhin sind die dünnen Metallstangen mit schwarzen Buchstaben beklebt. „Wir haben zehn mal A", wundert sich gerade mein Sohn, „aber nur zwei mal F". Seine Schwester beginnt da bereits die erste Partie des Legespiels: F links und rechts, dazwischen A, B, A. Zwischen F und A kommt dann C, danach verlängern mit A und D, vorne D, hinten A. Zum Schluss oben verbinden mit E.

Während sich die Kinder dem Gewirr aus Stangen und Pinökeln widmen, ziehe ich mich unauffällig in den hinteren Gartenteil zurück. Zugegeben, ich bin eine Bedienungsanleitungs-Verweigerin. Bedienungsanleitungen machen mich einfach nervös. Und siehe da: Kaum bin ich hinter den Stachelbeeren in Deckung gegangen, erreicht mich auch schon die Hiobsbotschaft: „Mama, das passt hier alles nicht."

Ich komme aus meinem Versteck und sehe es: Linker Hand klafft ein hässliches Loch im Gerüst des Gewächshauses, die Metallstangen sind eindeutig zu kurz geraten.

Während ich mir die Haare raufe, vertauschen die Kinder probehalber die Pinökel und schaffen das scheinbar Unmögliche: Das Gewächshaus steht. Für einen Augenblick. Bevor es anfängt zu regnen. Als sich die Tröpfchen auf dem grünen Foliendach sammeln, machen vier Pinökel den Abgang. Sie brechen einfach entzwei.Ich finde, wenigstens darauf hätten die Hersteller hinweisen müssen: Nur in Innenräumen zu verwenden.

Machen ja auch andere Hersteller, dass sie ihre Kunden über die Wettertauglichkeit der Produkte informieren. Bei einer Luftmatratze heißt es beispielsweise: „Wenn das Wetter kalt ist, wird die Puff Unterlage sich langsam puffen."

Nachtrag: Wir haben unseren Traum vom Tomatengewächshaus übrigens nicht aufgegeben. Mein Mann hat mit den Kindern ein Gerüst aus alten Latten und Holzresten gezimmert. Ohne Anleitung und ohne Pinökel. Das Haus steht. Aber jetzt klemmt der Reißverschluss der Folie.

# Schöner Schleim

Es ist offensichtlich in Mode gekommen, dick aufzutragen. „Gleich stelle ich euch den Star des Wattenmeers vor", kündigt unser Expeditionsleiter an. Ich bin etwas enttäuscht, als ich erfahre, dass es sich bei besagtem Star weder um Klaus noch um Klaus handelt, und er auch nicht „An der Nordseeküste" singen will, sondern dass es um den Wattwurm geht.

Ein paar Tage später lese ich in einer Ankündigung der Ökologiestation in Schönebeck etwas über den „Helden des Gartens". Mir schwant, dass hier kein Hollywoodstar mit Sixpack wartet, der einem die Beete machen will, sondern ein entfernter Verwandter des Wattwurms, der Regenwurm. So gesehen – denke ich mir beim späteren Gang durch den Garten – ist diese fette Nacktschnecke hier der Bösewicht des Gemüsebeets, der Darth Vader der Rabatte, würde mein Sohn sagen. Und die Läuse an den Rosen sind seine Sturmtruppen.

„Nehmt dies", rufe ich und ziele mit dem Wasserschlauch auf eine Gruppe eher farbloser Läuse. Die Kompanie hält aber stand. Weshalb ich mir dann doch erst Darth Vader vorknöpfe. Ich habe das Lichtschwert, eigentlich die Küchenschere, schon fast in der Hand. Doch dann verlässt mich der Mumm. Ratlos verfolge ich, wie sich die Nacktschnecke im tiefen Schatten eines großen Blattes verkriecht – auf die dunkle Seite.

Man muss als Gärtner die ein oder andere Ekelhürde überwinden. Aber Nacktschnecken zerteilen oder sie wie mein Kollege an einem langen Stab aufspießen? Nein, danke. Ich wüsste gar nicht wohin mit dem Nacktschnecken-Schaschlik. Ich will es auch nicht wie mein Schwager machen. Der wirft die Viecher ohne viel Aufhebens, aber mit viel Schmackes über die 1,80 Meter hohe Sichtschutzwand. Er könnte dabei leicht seinen Nachbarn treffen. Der steht meist draußen, um zu rauchen. Egal, wie man es macht: Entweder rächt sich am Ende der Nachbar oder die Natur.

Ich denke an den Tag, an dem ein Baumprofi half, die Lärche in unserem Garten zu fällen. Der eine, ich nenne ihn hier mal Andy, kletterte in den Wipfel des Baumes. Er schwenkte die Motorsäge geschickt umher, sie knatterte ordentlich. Ast um Ast krachte zu Boden. Und mit den Ästen fielen auch die Ranken der Ramblerrose Bobby James hinunter. Sie war im Sommer bis in die Baumspitze geklettert. Plötzlich brach das Getöse abrupt ab. Ein gellender Schrei zerschnitt die Stille. Bang lauschte unsere ganze Familie am Boden dem folgenden, leisen Stöhnen im Baum. Es zog sich qualvoll in die Länge.

Es war überhaupt kein Blut zu sehen. Deshalb wunderte ich mich, warum der Baumkletterer so breitbeinig über den Rasen ging, als er endlich unten war. Doch dann nahm ich den langen,

dornigen Zweig an seiner Hose wahr. Als Andy sich Minuten später aus Bobby James' grausamer Umarmung befreit hatte, seufzte er tief. Es klang fast philosophisch, als er feststellte: „Boah, Alter, da schlägt die Natur zurück – und voll in die Zwölf."

Bobby James hat das Kettensägen-Massaker übrigens überlebt. Gleich im Frühjahr grünte er wieder durch.

Es gibt durchaus weitere Beispiele dafür, dass die Natur sich nach Belieben rächt. Die Bekämpfung der Blattrollwespe mit einer vom Vorbesitzer in der Garage zurückgelassenen Giftspritze bescherte mir einen Besuch beim Augenarzt. Im Moment des Angriffs hatte der Wind gedreht. Ich kann froh sein, dass ich noch eben so geradeaus gucken kann. Alles Zufall? Ich glaube nicht. Nehmen wir die Wühlmäuse: Kaum hatten wir den Aufbau einer Greifvogelstange auf dem Rasen skizziert, gingen die Biester in

einem Loch zwischen den Terrassenplatten in Deckung. Ich fürchte, sie haben bereits ein weitverzweigtes Gängesystem unterm Haus angelegt. Ich bin nicht sicher, wie standsicher die Bude noch ist.

Zugegeben, ich trage jetzt dick auf. Wenigstens das. Es gibt Anti-Aging-Creme aus dem Tiegel, aber ich schnappe mir gleich die fette Nacktschnecke aus dem Beet, setze sie mir aufs Gesicht und lasse mich vollschleimen. Hautfreundliche Schleim-Extrakte liegen gerade sehr im Trend. 250 Milliliter Schneckengel kosten über zehn Euro. Die kann ich sparen.

Ich hoffe nur, es macht sich auch in anderer Hinsicht bezahlt, das Ekelgefühl zu überwinden, und ich bin nach dieser klebrigen Begegnung wirklich schöner. Oder funktioniert das nur mit Weinbergschnecken? Wer etwas Näheres weiß, soll mal kurz Bescheid geben. Bitte, schnell!

# Gärtnern im Dämmerzustand

Ich habe nie verstanden, warum unser Kumpel M. Probleme mit seinen Nachbarn hatte. Das Einzige, das man ihm vorwerfen konnte, war das Unkraut auf seinem Balkon. Der Löwenzahn zum Beispiel hatte die Größe einer Bananenstaude. Die Hausgemeinschaft duldete das nicht. M. zog fort aus Bremen. „Wie sollte ich Wildkräuter ausreißen können?", fragte er trotzig. „Ich bin doch Katholik und noch dazu bei den Grünen."

Wer M. verstehen will, führt sich vor Augen, was die Burner mit den Gasbrennern auf den Hauseinfahrten eigentlich tun: Sie lassen die Eiweiße in den Pflanzenzellen gerinnen, bis die Zellwände platzen. Wenn Flüssigkeit austritt, ist das Ende gekommen. Ein brutaler Tod. Im Sinne der Grünen kann das nicht sein. Des Papstes erst recht nicht. Wie ich neulich in der Zeitung gelesen habe, bewertet auch die Polizei die Kokelei inzwischen kritisch.

Dabei erfuhr ich, dass herkömmliche Gasbrenner zu großflächigen Rodungen taugen. Ein Gartenbesitzer in Brake hatte nicht nur die Unkräuter in seinem Garten, sondern aus Versehen gleich noch eine Hecke dazu entfernt. Von den mannshohen Lebensbäumen blieb nach dem Brand laut Polizeibericht nur eine Reihe schwarzer Stümpfe übrig.

In Ganderkesee versuchten 26 Feuerwehrleute eine 2,50 Meter hohe Hecke zu retten, nachdem der Funke übergesprungen war. Es gibt weitere Beispiele.

Nach meinen eigenen Erfahrungen löst das monotone Zischen des Gasbrenners eine Art Flow aus. Während es zu den Füßen schmirgelt und kokelt, dämmert der Gärtner obenrum geistig weg. Er hält das Abflammgerät dann auch an Stellen, die völlig unkrautfrei sind: Carports und Gartenlauben zum Beispiel.

Wollen Sie neben jemandem wohnen, der Ihr Wohnhaus abfackelt? Versehentlich oder mit Absicht spielt ja letztlich keine Rolle. Mein Mann lässt mich jedenfalls nicht mehr in die Nähe seines Wagens, wenn ich den Gasbrenner dabei habe. Eigentlich ist es doch prima, einen zum Nachbarn zu haben, der Löwenzahn züchtet. Ist völlig ungefährlich. Aber nun ist es zu spät. M. ist schon fort.

Während ich aus dem Küchenfenster schaue und an M. denke, drängt sich das Indische Springkraut in mein Blickfeld. Es ist ziemlich groß geworden, ich würde es auf 180 Zentimeter schätzen. Letzten Sommer stand es auf dem Nachbargrundstück, heute schaut es keck aus der Hainbuchenhecke. Bald wird es in meinem Garten angekommen sein: Das Springkraut schleudert seine Samen sieben Meter weit.

Invasive Neophyten – noch im 19. Jahrhundert wurde das Indische Springkraut hierzulande als Zierpflanze eingebürgert. Ich frage mich, waren da vielleicht Öko-Katholiken am Werk? Die kommen doch viel herum. M. schrieb neulich aus Afrika.

# Woran ich neuerdings bei Schöllkraut denke

Achtung, dieser Text ist nur etwas für robuste Naturen. Es kommen darin Worte wie Schleimproduktion und Hühneraugen vor.

Ich habe als Kind immer Stampfkartoffeln mit Möhren bekommen, wenn ich Magen-Darm hatte. Da wurde gar nicht viel drüber geredet. Wenn's hoch kam, hat meine Mutter Verdauungsprobleme ihrer Kinder höchstens mal mit Verwandten am Telefon durchdiskutiert. Heute läuft so was völlig anders. Seit es Facebook gibt, werden alle möglichen Krankheitsbilder im familiären Umfeld gerne auch mit Wildfremden erörtert.

Meine Verdauungsprobleme waren glücklicherweise noch nie groß Thema im weltweiten Netz. Aber als Mitglied einer geschlossenen Kräuter-Gruppe weiß ich, dass ich Beschreibungen aller Krankheitssymptome bedenkenlos teilen könnte. Andere machen das die ganze Zeit.

Vera zum Beispiel berichtete uns von ihren „hartnäckigen Hustenanfällen". Niemand hatte danach gefragt, aber sie erklärte uns offenherzig, um welche Art von Husten es sich genau handelt: „Es ist ein produktives Husten mit relativ viel Schleimproduktion." Man lernt sich auf diese Weise natürlich gut kennen in so einer Gruppe. Manuela, die Ärmste, hat juckende Pusteln am Ohr, Tina leidet unter Hitzewallungen und Schweißausbrüchen in der Menopause, und Alexandra hat sicherlich nicht ohne Grund nach einem rezeptfreien Medikament gegen Hämorriden gefragt.

Es entspricht nicht gerade den gesellschaftlichen Konventionen, seinen Nagelpilz öffentlich zu diskutieren. Aber es kann sich lohnen, sich frei von Hemmungen mitzuteilen. Vera wurde schwarzer Rettich-Hustensaft empfohlen und Mechthild hat von der Gemeinschaft den Tipp bekommen, ihre „extrem schuppige Kopfhaut" mal mit Eigelb zu waschen und anschließend mit Brennnesseltee zu spülen.

Vom Schwarmwissen profitieren übrigens nicht nur Gruppenmitglieder, auch nahe Verwandte und Haustierhalter werden mit Ratschlägen versorgt.

Was dem Hund mit den kahlen Stellen im Fell helfen soll, habe ich allerdings vergessen. Es beeindruckt mich, wenn Menschen sich mit

der Heilkraft von Pflanzen auskennen und Knoblauchzehen nicht nur in die Spaghetti-Soße rühren, sondern auch auf ihre Hühneraugen drücken – in dem Wissen, die Verhornung wird sich dadurch irgendwann lösen. Aber dieses Wissen um den Mehrwert des Grünzeugs hat auch seine Schattenseiten.

Ich weiß nicht, geht es nur mir so? Oder sehen auch die anderen Gruppenmitglieder ihren Garten inzwischen mit anderen Augen? Wenn ich zum Beispiel Schöllkraut vor dem Grundstück erblicke, muss ich sofort an Heikes Warzen denken und beim Frauenmantel hinten am Gartenteich fallen mir Laras Menstruationsprobleme ein.

Grillen ist dieser Tage leider völlig ausgeschlossen. Geh' mir bloß weg mit der Fußcreme – äh, Bärlauchbutter.

# Der Erleuchtete als Leuchte

Wie der Gartenzwerg-Spezialist Obi auf seiner Internetseite schreibt, befinden sich die ältesten bekannten Gartenzwerge im Zwergelgarten des Salzburger Schlosses Mirabell und datieren aus dem späten 17. Jahrhundert. Das ist schön. Aber wo sind all die anderen? Wer sich umsieht, findet die Figuren heute kaum noch in den Gärten. Sie sind alle verschwunden. Und mit ihnen alle Schaufeln, Laternen und Zipfelmützen. Selbst die Zwerge mit Stinkefinger sind nicht mehr da.

Die Kollegen von der „Hattinger Zeitung" befragten zwischenzeitlich sogar ihre Leser, wo die Gartenzwerge geblieben sind: „Wir suchen sie!" Das war aber schon 2011. Vielleicht hat Buddha die Gartenzwerge verdrängt. Das ist eigentlich kein Wunder. Jeder kann zu Buddha finden – im Baumarkt. Einfach an der Kasse vorbei und in die Gartenfachabteilung: Der Achtfache Pfad beginnt gleich hinterm Flüssigdünger. Buddhismus – bald nur noch ein Glauben für den Gartengebrauch? Hat sich schon mal jemand überlegt, welche Nebenwirkungen es haben könnte, wenn sich jeder zweite Vorgartenbesitzer zwischen Haselünne und Horn-Lehe einen Polyresin-Buddha auf den Rasen hinterm Carport stellt?

Gerade berichtet „Geo", dass die Zahl der Buddhisten weltweit abnimmt. Offenbar fallen echte Buddhisten vom Glauben ab, wenn Buddha nur noch Dekozwecken dient.

Hier muss es einen Zusammenhang geben. Es gibt andere Beispiele. Denken wir an Garten-Windräder. Vermeldete nicht erst die „Wirtschaftswoche", der Ausbau der großen Windkraftanlagen sei ins Stocken geraten? Und nun überlegen Sie mal, wie viele dieser kleinen bunten Windspiele Sie schon an Sandkästen in Kleingartengebieten gesehen haben! Genau.

Zurück zu Buddha: Er fand auch den Weg in mein Haus – als Geschenk. Es ist ein dickbäuchiger Vertreter aus reinem Beton. Er lächelt süßlich, obwohl er eines wichtigen Körperteils beraubt wurde: Er hat ein Teelicht im Schoß. Die Hersteller haben aus einem Erleuchteten eine Leuchte gemacht.

Ich wage es nicht, ihn in den Vorgarten zu tragen. Ich denke an die wenigen Buddhisten in diesem Land. Wenn nun auch noch, ich … nein, lieber nicht, ich will es mir gar nicht vorstellen. Ich möchte nicht die Schuld auf mich laden, dass eine Weltreligion ausgelöscht wird. Ursache und Wirkung – Sie verstehen. Diese Mischung ergibt am Ende ein ganz schlechtes Karma.

Übrigens, mal eine kleine Überlegung: Wenn es in den Gärten keine Gartenzwerge mehr gibt, müssten jetzt wieder mehr in freier Wildbahn

anzutreffen sein. Oder wie? Falsche Schlussfolgerung?

Halten Sie doch in den kommenden Tagen, wenn Sie bei diesem herrlichen Sonnenwetter unterwegs sind, bitte Ausschau, machen Sie ein Foto, schicken es mir: Wir suchen sie auch! Versprochen! Wir halten Sie auf dem Laufenden, was die Sichtungen anbelangt.

# Die Steinwüste lebt

Ich habe schon immer eine geheime Sympathie für die Strick-Guerilla gehegt. Wer nachts klammheimlich loszieht, um Laternenmasten zu umgarnen und unsere Welt ein bisschen bunter zu machen, kann kein ganz schlechter Mensch sein.

„Sag mal, kann es sein, dass Gärten out sind?", frage ich meine Freundin Susanne am Telefon. „Ich meine richtige Gärten mit was Buntem drin. Und ich meine keine Deutschland-Fahne." Ich hatte gerade eine Radtour vorbei an der Kiesgarten-Einöde der Vorstadt hinter mir. „Du denkst, du lebst in einer Steinwüste", beschwere ich mich bei ihr. „Die Bienen, das Stadtklima – da muss man doch was tun." Meine Freundin ist aber offenbar nicht in der Stimmung, derlei Probleme zu erörtern und wir legen zeitig auf.

Am Sonntag steche ich Arme voll Glockenblumen in meinem Garten ab, sodass ich wegen der schweren Tüten am Fahrradlenker ein wenig ins Trudeln gerate.

Es ist nicht weit bis zu Susannes neuem Haus. Sie hat es vor einigen Monaten von der alten Dame gekauft, die zu Lebzeiten immer in ihrer Kittelschürze in ihrem Bauerngarten werkelte. Ich trete energisch in die Pedale, wann immer ich an den ganzen neumodischen Schottergärten vorbeikomme. Moment mal. Abrupt steige ich in die Eisen: Ich bin glatt an Susannes Haus vorbeigeradelt.

Das ist auch kein Wunder. Da, wo vorher ein verblichener Lattenzaun war, vor dem Königskerzen in die Höhe ragten, steht jetzt ein Metallzaun. Da, wo sich bislang ein Mulchweg entlang schlängelte, liegen großformatige Betonplatten. Und wo ich ein Meer aus Indianernesseln, Phlox und Astern erwartet hatte, befindet sich nichts als Geröll. Das heißt, das stimmt nicht: Neben der Haustür stehen zwei einsame Buchskegel. Einen der beiden gießt meine Freundin gerade.

Ich ziehe den Kopf ein, während ich unauffällig wende. Hoffentlich hat Susi mich nicht gesehen. Ich sause nach Hause und bereite meine erste Guerilla-Radtour vor.

Wer nachts klammheimlich loszieht, um mit Samenbomben um sich zu werfen, um unsere Welt ein bisschen bunter zu machen, kann kein ganz schlechter Mensch sein.

# Die perfekte Gießhilfe

Und wer gießt bei Dir die Blumen?", fragte mich neulich meine Schwiegermutter. Sie schnitt damit ein Reizthema an. Die Frage der Urlaubsvertretung für den Garten bringt Hobbygärtner Jahr für Jahr in Bedrängnis.

Meiner Mutter, eine Balkongärtnerin, treten noch immer Tränen in die Augen, wenn die Sprache auf ihre Hortensie kommt. Sie hatte das Prachtstück 2015 aus Oldenburg mitgebracht und seitdem aufopferungsvoll umsorgt.

„Endless Summer blüht nicht nur bis zum ersten Frost, sondern das unendliche Hortensienleben lang", hatte ihr der Verkäufer versprochen. Anders als herkömmliche Bauernhortensien blühen diese Hortensien auch nach harten Wintern, da sie nicht auf die Vorjahrestriebe angewiesen sind. Und bei meiner Mutter sah es so aus, als behielte der Verkäufer recht – jedenfalls bis zu ihrem Urlaub Anfang des Sommers.

Ich hatte meinen Einsatz als Gießhilfe leider mehrfach verschieben müssen. So stellte die Urlauberin bei ihrer Rückkehr fest, dass Endless Summer doch nicht endlos blüht. Jedenfalls nicht, wenn man die Pflanze bei 30 Grad im Schatten zwei Wochen lang von der Wasserzufuhr abschneidet. Das hätte ich mir denken können, denn Hydrangea leitet sich aus dem Wort hydro (Wasser) und angeion (Gefäß) ab. Es nutzte leider nichts, meine Mutter abzulenken und auf andere Erfolge als Gießvertretung hinzuweisen: „Der Kaktus hat aber überlebt."

Seit der Sache mit der Hortensie bin ich im Familienkreis nicht mehr die erste Wahl, wenn es darum geht, die Pflanzen zu versorgen. Auch von den Nachbarn hat mich in letzter Zeit niemand mehr gefragt, ob ich mal gießen könnte. Vielleicht hängt das mit dem Rosenstämmchen meiner Bekannten zusammen. Es sah ziemlich braun aus, als sie nach drei Wochen wiederkam. Meine Schuld kann das aber nicht gewesen sein. Ich habe den Garten pflichtbewusst drei Wochen lang nahezu ununterbrochen gewässert. Es hat mich deshalb schon getroffen, als ich hörte, wie ihr Mann leise zu ihr sagte: „Und den Sprenger hat sie uns auch kaputt gemacht."

„Ich bin in dieser Gegend, was Gartenhilfe angeht, Persona non grata", weinte ich mich abends bei meinem Mann aus. „Stimmt, hinten bei der Kreuzung hing an einem Straßenbaum auch dein Bild", antwortete er. „Darunter stand: Achtung, schützen Sie ihre Pflanzen vor dieser Frau."

„Ha, ha."

Was nun die Urlaubsvertretung in meinem Garten angeht: Gießen muss natürlich immer die, die fragt, liebe Schwiegermama. Dafür gibt es dann auch ein schönes Mitbringsel. Hättest Du lieber ein Muschelkästchen, einen Kühlschrankmagneten oder Zitronenlikör? Und wenn Du willst, gieße ich selbstverständlich dann auch bei Dir. Da können sich Deine Blümchen hundertprozentig auf mich verlassen.

# Die Kunst, im Garten zu überleben

Falls man sich dem Überlebenskampf in der Wildnis stellen muss, ist es gut zu wissen, an welcher Baumrinde man knabbern darf. Da ist es hilfreich, dass meine Tochter jetzt für den Biologieunterricht ein Herbarium anlegt. Es kann zuweilen sogar das Überleben im eigenen Garten sichern, sich mit der ganzen Botanik auszukennen. Oder wussten Sie, dass Sie sich mit einem herkömmlichen Buchs (Buxus sempervirens) unter die Erde bringen können? Auch die Früchte des Lebensbaums (Thuja) helfen, das Gras von unten wachsen zu sehen. Und rohe Bucheckern essen Sie lieber nur in großen Mengen, wenn Sie einen Schweinemagen haben. Die Borstenviecher sollen die Früchte der Buche recht gut vertragen.

Blätter fürs Herbarium zu sammeln, zu pressen und zu bestimmen, ist aber nur die erste Stufe des Überlebenstrainings. Ich versuche mich derzeit an der Herstellung von Rezepturen für echte Notfälle. Haben Sie schon mal zerquetsche, getrocknete Wacholderbeeren gegen gelben Zungenbelag gekaut? Ich auch nicht. Es geht ja erst mal nur darum, auf Extremfälle vorbereitet zu sein. Ich weiß mir jedenfalls zu helfen, sollte ich je Nasenbluten bekommen: mit einer Nasentamponade, getränkt mit einem Sud aus gekochter Eichenrinde.

Die Mixtur lässt sich sogar noch weiter verwerten. Sie soll auch gegen Fußschweiß helfen und könnte sich spätestens im nächsten Sommer für Mitarbeiter in Großraumbüros als Segen erweisen. Sie könnten Gemeinschaftswannen unter den Schreibtischen aufbauen, in die alle ihre Käsefüße mal reinhalten dürfen. Soweit die Theorie, aber, Achtung, jetzt kommt die Praxis: Bei der Herstellung muss man aufpassen, dass der Sud das Firmen-Waschbecken nicht braun färbt und eine Abmahnung folgt.

Immer wachsam sein, mit allem rechnen. Gefahr erkannt, Gefahr gebannt. Auch das lernt man beim Survivaltraining im eigenen Garten. Deshalb an dieser Stelle ein wichtiger Tipp für Anfänger: Bäume wachsen nicht nur in den Himmel.

Das fiel uns auf, als der Ahorn aus unserem Garten in der Toilette ankam. Er kam nicht durchs Fenster herein. Er hatte sich unterirdisch auf den Weg in das stille Örtchen aufgemacht. Ein Glück war, dass er nicht unser Klo verstopfte, sondern das im Nachbarhaus.

Der Baum musste schließlich weg. Schade eigentlich, denn Ahorn (Acer) fehlt noch im Herbarium. Er soll gegen Gicht helfen. Und ich war mir auch nie sicher, ob es nicht eventuell doch die Wurzeln der benachbarten Efeuhecke waren, die so durchschlagenden Erfolg im Kanalrohr hatten.

Wie war gleich noch die botanisch korrekte Bezeichnung? Efeu –Teufelszeug?

# Die geheimen Kräfte des Spülis

Kürzlich kaufte ich eine Dose Bier – für ein kleines Kochexperiment mit veganen Cevapcici. Über Tage stand die angebrochene Dose im Kühlschrank. Aber ich durfte den Rest nicht wegschütten, da meine Kinder neuerdings die Todesstrafe für Lebensmittelvergeudung verhängt haben. „Ich nehme es dann für die Haare", schlug ich vor. Bier soll bei dünner werdendem Haar Wunder wirken. Man sieht es auf dem Zeitungsfoto nicht so – aber mein Haar ist seit einer ganzen Zeit bereit für dieses Wunder. Es war übrigens der Tag, an dem die Schwiegereltern zu Besuch kamen. Seither frage ich mich, was sie wohl gedacht haben, als sie die halb leere Dose neben dem Klo sahen.

Im günstigsten Fall dachten sie, dass ich sie für eine Bier-Schneckenfalle brauchte. Hausmittel sind bei Hobbygärtnern sehr gefragt. Meine Mutter nimmt Kaffeesatz als Dünger für den Balkonkasten, ein Kollege sprüht Milch auf den Mehltau seiner Rosen, und ich glaube, meine Nachbarn schrubben ihre Blumentöpfe regelmäßig mit Kartoffelwasser. Vor allem aber dem Spüli werden in meinem Umfeld geheime Kräfte nachgesagt. Besonders Spüli-Mischungen sollen es in sich haben: Mit Weißwein vermengt hilft Geschirrspülmittel angeblich gegen Unkraut in den Terrassenfugen, und zusammen mit Cola light und Mundwasser soll es braunen Rasen wieder grün machen. Kein Wunder, dass Spüli der Renner unter den Reinigungsmitteln ist. Laut einer neuen Studie steht Spüli im Einkaufsranking auf Platz eins, vor WC-Duftsteinen. Sogar gegen den gefürchteten Buchsbaumzünsler soll ein harter Strahl Spüliwasser wirken. Warum der Zünsler gefürchtet ist? Fragen Sie Leserin Dagmar N. „Der Vorgarten war unser Paradies mit einem dicht bewachsenen Rosentor. Und nun: Innerhalb weniger Tage war alles zerstört durch eine Vielzahl an Raupen", schreibt sie. „Die Raupen versuchten auch, durch die Haustür und durchs Küchenfenster ins Haus zu kommen."

Die Hausverwaltung hat schließlich einen Schädlingsbekämpfer engagiert, der unserer Leserin nach einer Einführung einen großen Kanister Kontaktinsektizid überließ. Zweimal täglich muss Frau N. die Hausfassade einsprühen. „Laut dem Schädlingsbekämpfer darf während des Sprühvorgangs unsere Katze nicht raus, und die Fenster müssen geschlossen bleiben." Arme Frau. N, arme Katze. Dabei hätte man doch einfach nur ein bisschen Spüli mit Essig, Öl und Wasser gebraucht …

Demnächst an dieser Stelle: Wie wir mit Spüli, einem Rest Dosenbier und ein paar WC-Duftsteinen einen unscheinbaren Reihenhausgarten in ein englisches Gartenparadies verwandeln.

# Seid mutig, seid schlampig!

Gartenarbeit nach Odnok Eiram gehört die Zukunft! Kennen Sie nicht? Das wird sich ändern, denn die Odnok-Eiram-Methode ist gut für Seele und Umwelt. Meine Familie hat schon angefangen, nach dieser Methode zu gärtnern und ist schwer begeistert.

Bisher ging es uns wie Leserin Ute S. aus Bremen. Wir arbeiteten „mit ganzer Kraft, bis zur Erschöpfung" und wurden „doch nie fertig". Und immer, wenn wir ein Gartenmagazin aufschlugen, stellten wir ernüchtert fest, dass eine große Diskrepanz zwischen dem war, was wir in dem Gartenmagazin sahen, und dem, was um uns herum wucherte.

So geht es uns übrigens auch, wenn wir in Wohnzeitschriften blätterten: Selten trägt meine Tochter, wie die Mädchen in den Magazinen, weiße Kleidchen, nur damit sie besser zur Einrichtung passt.

Leserin Ute S. ist mittlerweile überzeugt, dass die Garten-Redaktionen mit Pflanzen-Photoshop arbeiten. Denn: „Wo sieht man da angefressene Blätter? Umgeknickte oder vertrocknete Pflanzen?" Und – möchte man ergänzen – wo einen Wäscheständer? Die Wahrheit sieht wahrlich anders aus. Kürzlich liefen zwei Passanten an unserem Zaun vorbei und schüttelten die Köpfe. „So viele Pflanzen. Das muss doch nicht sein", sagte die eine Person. „Sieht auch sehr unordentlich aus", die andere. Jetzt warte ich darauf, dass die beiden wieder einmal vorbeikommen. Dann werde ich mir mit der Machete den Weg freischlagen und ihnen zurufen: „Das ist doch hier alles Absicht. Wir gärtnern doch nach Odnok Eiram!"

Odnok Eiram bedeutet übrigens rückwärts gelesen Marie Kondo. Nicht von ungefähr: Wir machen im Garten einfach immer das Gegenteil, von dem , was uns die Aufräumexpertin für den Innenbereich rät. Das reduziert die Pflegeintensität enorm. Und das Schöne ist: Insekten lieben lange Gräser und Wildkräuter. Und Bienengärten, da können Sie sogar die Trendsetter von „Mein schöner Garten" fragen, sind total in.

# Im Tauschrausch

Die Fußballer Sebastian Rudy und Antonio Rüdiger können sich freuen. Ihre Bilder sind im Panini-Sammelheft zu sehen. Ich muss beide nicht haben. Ich will lieber einen Ableger der Yucca-Palmlilie meiner Bekannten. Ich weiß nur noch nicht, was ich ihr dafür bieten soll. Am liebsten wäre ich ja den Balkan-Storchschnabel aus meinem Vorgarten los.

Nacktschnecken machen zwar einen großen Bogen drumherum. Aber seitdem eine der Mütter aus der Pekip-Gruppe meiner Kinder meinte, in meinem Vorgarten rieche es so komisch, weiß ich auch warum: Geranium macrorrhizum müffelt. Ein stinkender Bodendecker ist das, was ich habe. Und eine imposante Palmlilie mit meterlangen Blütenrispen ist das, was ich will. Ein schwieriges Unterfangen, könnte man denken.

Aber es gibt ja das Internet. Hier tauschen die Leute alle möglichen Dinge. Schnuller, BHs in Körbchengröße 80 D, Tee-Eichhörnchen aus Silikon. In Arsten wird eine Tortenglocke gegen ein Paket Kaffee von Lidl geboten, in Ulm eine Tonpfeife aus dem Nationalpark Timanfaya auf Lanzarote (war für das Patenkind bestimmt, wurde dann aber irgendwo im tierfreien Nichtraucherhaushalt vergessen) gegen Süßes. Und dann stoße ich auf Maria aus dem Buntentor. Maria braucht Männer. Gleich zwei starke Burschen sollen es sein, die das Wochenende mit ihr verbringen. Im Grünen. Sie erwartet nämlich ein neues Gartenhäuschen und das muss aufgebaut werden. Denn Maria ist keine süße 19 mehr, wie sie schreibt, sondern hat 71 Jahre auf dem Buckel: „Wer also auf ein Abenteuer aus ist, hat schlechte Karten." Sie bietet gesunde Arbeit an frischer Luft gegen ein Werkzeug. Das ist ja der Hammer.

Manchmal muss man die Richtung ändern, um ans Ziel zu kommen. Ich könnte eine Kette in Gang setzen: Mein Mann hilft Maria, den Hammer bekommt aber die Bekannte mit der Palmlilie, ich die Palmlilie. So einfach, so genial mein Plan. Das Dumme ist nur, dass mein Mann nicht versteht, warum er sich für eine Wildfremde abrackern soll, wenn er nicht mal den Hammer behalten darf.

Egal, dann muss es eben anders gehen: Der Mann meiner Bekannten fährt von Schwanewede nach Bremen zu Maria, baut das Gartenhäuschen auf, bekommt den Hammer, fährt weiter nach Ulm, tauscht die Tonpfeife ein. Nein, doch nicht, das wird alles zu kompliziert.

Anders: Ich selbst fahre zu Maria und bringe ihr Storchschnabel. Immerhin stärkt das wild wachsende Kraut, vermengt mit Weinraute und Minze, nach Hildegard von Bingen das Herz und macht zudem fröhlich. Eine Dame in Marias Alter wird das zu schätzen wissen und mir sicher sehr gerne im Tausch ihr Gartenhaus mitgeben. Dann ist Maria auch das Problem los, willige Arbeitskräfte zu finden. Ich dagegen könnte den Herrn aus Ulm bitten, Marias Gartenhäuschen in

meinem Garten
aufzubauen,
denn ich habe noch
ein paar Schoko-Eier von
Ostern übrig. Seine Tonpfeife
kann er behalten – oder, wenn er sie wirklich
nicht mehr braucht, gebe ich sie der Frau mit
dem BH in Größe 80 D. Jetzt hoffe ich nur, dass
meine Bekannte einverstanden ist und die Körbchengröße passt. Dann tauschen wir BH gegen

Palmlilie. Ich
werde die Palm-
lilie vor mein neues
Gartenhaus stellen.
Falls Sebastian Rudy und
Antonio Rüdiger mal vorbei kommen, würde
ich ihnen einen schönen Gartentee kochen. Ich
muss mir nur noch das Eichhörnchen-Tee-Ei
besorgen. Den Schnuller brauchen die beiden ja
wohl nicht.

# Die wichtigsten Überlebenstipps auf einen Blick

Gibt es intelligentes Leben auf dem Kuchenteller? Wissenschaftler sagen Ja. Während ich die Biester auf dem Stück Blaubeerkuchen vor mir nicht auseinanderhalten kann, wissen die Wespen offenbar genau, wer sie da ängstlich anglotzt. Sie können verschiedene Gesichter erkennen. Das zeigt doch schon, wie ahnungslos wir im Grunde sind, während uns die Insekten belauern und nur darauf warten, dass wir einen Fehler machen und zum Beispiel auf der Terrasse ausatmen. Dann stechen sie uns, und das tut ganz schön weh.

Eis essen, grillen, sitzen – nie war Leben draußen gefährlicher als in diesen Wochen. Die Wespen sind in der Überzahl. In einschlägigen Medien ist von einer schwarz-gelben Invasion die Rede. Viele bangen um ihre Bratwurst, manche um ihr Leben.

Aber bitte töten Sie die Wespen nicht. Das ist nur amtlich zertifizierten Schädlingsbekämpfern erlaubt. Wir können nicht viel tun. Die Wespen höchstens in kalorienhaltigen Brausen ertränken, aber auch nur eine pro Mahlzeit. Und am besten lassen Sie es so aussehen, als wäre das Tier von selbst ins Glas gekrabbelt. Darauf treten geht in Ausnahmefällen auch, aber nur barfuß. Am besten so tun, als hätte man die Wespe im Rasen nicht bemerkt.

Es gibt einige wichtige Regeln, die uns das Zusammenleben mit den Tieren erleichtern. Hier alle Regeln im Überblick:

**Erstens:** Wenn uns eine Wespe umfliegt, lächeln. Meine Freundin Katharina, mit der ich besagten Blaubeerkuchen im Garten aß, ein selbst gebackener übrigens, konnte das nicht. Sie kniff die Lippen zusammen, als die Wespe im Zickzackkurs auf ihre kreidebleiche Nase zusteuerte. Das war schlecht. Angstschweiß macht Wespen aggressiv. Zum Beweis wurde Katharina gestochen. Ich hatte Glück, oder die Wespe fand mein Lächeln einfach sympathischer.

**Zweitens:** Wespen nicht mit der Hand wegwedeln, ihnen auch nicht zuwinken. Besser ist es, sich bis Ende September draußen gar nicht zu bewegen. Sonst fühlt sich das Insekt bedroht und sticht.

**Drittens:** Nie Wespen wegpusten, auch nicht, wenn Sie zuvor ausgiebig mit Mundwasser gegurgelt haben. Besser das Ausatmen außerhalb von Innenräumen einstellen. Sonst siehe Punkt 2.

**Viertens:** Besondere Verhaltensregeln gelten, sollten Sie eine Wespe im Auto antreffen. Nie ruckartig abbremsen, um das Insekt zu vertreiben, immer erst das Warnblinklicht einschalten.

**Fünftens:** Wespen können von bestimmten Düften angezogen werden, deshalb ist Deodorieren zu unterlassen. Es nützt übrigens auch nichts, sich stattdessen mit Holzmöbelpolitur einzureiben. Es sei denn, Sie wollen Wespen anlocken.

**Sechstens:** Wer nicht auf die Grillwurst im Freien verzichten kann, trägt ein T-Shirt mit dem Aufdruck „Der will nur spielen" und deckt für die Wespen den Terrassentisch und für sich selbst im Haus. Fenster, Türen und Klodeckel geschlossen halten, nicht bewegen, nicht atmen, nicht denken, sonst: Siehe Regel 2.

Wenn Sie die Tipps beherzigen, kann es sein, dass Sie trotzdem gestochen werden. Vorsichtshalber weiterlächeln.

# Fruchtfliegen in der Küche

Die Deutschen sind Pessimismus-Weltmeister. Da macht mein Mann keine Ausnahme. „Wo kommen plötzlich all diese kleinen Fliegen her? Die waren gestern doch noch nicht da", wundert sich Michael und wedelt hektisch mit der Hand über den Frühstückstisch. „Die Viecher werden wir doch nie wieder los", setzt er genervt hinzu. „Du bist genau wie alle anderen Deutschen", kritisiere ich und zitiere aus einer neuen Studie: „Du schätzt die Situation viel zu negativ ein." Michael guckt mich von der Seite an: „Wie bitte?" Naja, sage ich: „Ein Drittel der Deutschen vermutet, dass heute mehr Menschen ermordet werden, als noch im Jahr 2000. Dabei gibt es heute weniger Morde als vor 17 Jahren."

Ich erkläre ihm, dass mich seine typisch deutsche Schwarzseherei krank macht. „Aber", sagt er irritiert, „ich habe doch nur festgestellt, dass heute Hunderte von diesen winzigen schwarzen Fliegen in unserer Küche sind. Die waren doch gestern nicht da." Eben: „Bestimmt waren auch gestern oder vorgestern schon mal Fliegen in diesem Zimmer. Aber Du, Du meinst, früher sei alles besser gewesen in unserer Küche. Du hast einfach Angst davor, Dinge positiv zu sehen. Du traust Dich nicht, Dein Leben mit mir zu genießen." Er: „Also jetzt spinnst Du doch total." Aber ich bin nun richtig in Fahrt. „Du bist wahrscheinlich wie die meisten Pessimisten sogar davon überzeugt, positiv zu denken, könnte Dein Sterberisiko erhöhen." Er: „Ich wollte wirklich nur wissen, woher diese blöden Fliegen kommen."

Aber ich kann mich schlecht bremsen, wenn ich einmal in Rage bin: „Du bist völlig auf dem Holzpfad. Es gibt nicht mehr Diabetes-Kranke, sondern weniger. Und auch die Zahl der schwangeren Teenager wird überschätzt. Und Du wirst nicht länger leben, nur weil Du immer so schwarzsiehst." Mein Mann steht mit versteinerter Miene auf, zieht sich die Schuhe an und schnappt sich die Schlüssel. Er wendet sich der Haustür zu. Vielleicht bin ich zu weit gegangen. „Wo willst Du hin?", frage ich kleinlaut, „willst Du mich verlassen?" Aber er verdreht nur die Augen und sagt: „Du bist zu optimistisch."

Als Michael zurückkommt, hat er eine Sackkarre aus der Garage dabei. Darauf wuchtet er den Benjamini. Trauerfliegen, habe er mal gehört, siedelten sich gerne bei Pflanzen an, die den Sommer über draußen gestanden haben. Ich hoffe, dass er die Tage sämtliche Erde aus dem Topf entfernt, die Wurzeln des Benjaminis mit lauwarmen Wasser abspült und dann in neue, nicht zu feuchte Erde setzt. Kann aber sein, dass ich auch in dieser Beziehung zu optimistisch bin.

# Besser als Sex

Draußen fällt milder September-Regen vom Himmel. Es gibt schlimmere Tage, um drei Säcke Krokusse unter die Erde zu bringen. „Wer hilft mit?", frage ich nach dem Mittagessen. „Och, nicht heute. Wir wollten doch Computer spielen." Begeisterung für Gartenarbeit an frischer Luft sieht anders aus. Meiner Familie wäre es wahrscheinlich lieber, ich wäre Onlinegärtnerin. In Sachsen-Anhalt und anderswo sitzen längst Menschen an ihren Smartphones und steuern die Gartenarbeit übers Internet. Sie schauen via Webkamera zu, wie echte Gärtner Radieschen und Salat säen und befehlen ihnen per Mausklick, wann sie Unkraut jäten sollen. Die Finger der Onlinegärtner werden nie dabei schwarz, ihr Rücken wird nicht krumm – doch sie bekommen für 32 Euro im Monat einen Teil der Ernte. So ist das Geschäftsmodell. Aber sind sie auch glücklich?

Eher nicht. Jedenfalls legt das die Happiness-Studie eines Gartengeräteherstellers nahe. Mehr als 90 Prozent der befragten Deutschen gaben an, zufrieden zu sein, wenn sie mit den eigenen Händen den Garten bearbeiten. Für mehr als 40 Prozent der Deutschen ist Gartenarbeit sogar besser als Sex.

Ein paar Mücken tanzen um mich herum, als ich die Tüte mit Blumenzwiebeln aufreiße. Ich schnappe mir den Zwiebelstecher. Gar nicht so einfach, ein Loch in die verwurzelte Erde zu bohren. Nur mit aller Kraft schaffe ich es, eine millimeterdünne Erdschicht abzutragen. Aber das ficht mich nicht an. Es stört mich auch nicht im Geringsten, dass mir von den Bäumen immer mal wieder ein Schwall kaltes Regenwasser in den Nacken tropft.

Nachdem der Regen zugenommen hat, ist auch die obere Erdschicht aufgeweicht. Meine Knie sind durchnässt. Aber unter dem weichen Schlamm existiert noch immer eine Erdschicht, die härter ist als Granit. Ich setze den Zwiebelstecher jetzt wie eine Spitzhacke ein. Keuchend hacke ich auf den Boden ein. Es ist eine sehr mechanische Tätigkeit. Ich verrichte sie mit einer gewissen Lust. Regen, Schweiß und Erde bedecken meinen Körper. Besser als Sex. Es gießt jetzt in Strömen. Ein Fenster geht auf: „Komm rein. Du wirst doch klatschnass", ruft Michael. Ich tue ihm den Gefallen und packe meine Hacke ein. Ich hätte es sowieso nicht ertragen, wenn der Garten nur mich zufrieden machte und ihn nicht.

Drinnen schrubbe ich mir die Hände, bis sie bluten. Aber der schwarze Halbmond unter den Nägeln bleibt. Mein Blick fällt in den Badezimmerspiegel, und ich entdecke dort, wo früher meine Stirn war, einen golfballgroßen Mückenstich. Entschlossen drücke ich den knackenden Rücken durch und kratze den Stich auf. Ich war nie glücklicher.

# Wer nichts wird, wird Bienen-Wirt

Den Job des Ohrenputzers soll es in China geben. Kaum ein Chinese kommt angeblich noch ohne ihn aus. Wenn der Beruf hierzulande auch wenig verbreitet ist, zeichnen sich auch in unseren Breitengraden zurzeit Veränderungen auf dem Arbeitsmarkt ab.

Dank des Klimawandels hat in Osterholz-Scharmbeck Frieder Lüße gerade seinen Traumjob als Blühstreifen-Beauftragter gefunden. Er sorgt dafür, dass im Landkreis ausreichend Blühstreifen geschaffen werden, damit Bienen und Co. genug Nahrung finden. Lüße gilt übrigens als Idealbesetzung für die neue „Grün-Stelle", heißt es aus dem Rathaus, da es seine Passion von Kindesbeinen an sei, „Bäume, Sträucher und Stauden im Wachstum zu unterstützen."

Wir können froh sein, dass es Menschen wie ihn gibt, die Pflanzen beim Wachsen unterstützen, wie auch immer sie das anstellen.

Schulabgänger, die ebenfalls nichts mit Medien, sondern lieber was mit Blühstreifen machen wollen, aber keinen grünen Daumen haben, müssen nicht gleich den Kopf in den Sand stecken. Nicht alle Gärtner kommen mit dieser biologischen Besonderheit auf die Welt. Der Daumen verfärbt sich mitunter auch erst im Laufe jahrelanger, berufsvorbereitender Lehrgänge des Jobcenters.

Aber es lohnt sich umzusatteln: Weitere Stellenangebote werden in der Region folgen, wenn Bremen erst seine Buswartehäuschen mit Mauerpfeffer und anderen Gewächsen zu Bienenweiden umfunktioniert hat. Wer eine eigene Leiter hat und weniger als fünf Kilo auf die Waage bringt, kann schon mal eine Initiativbewerbung als Bushaltestellen-Gärtner auf den Weg bringen.

Selbstverständlich müssen wir in Zeiten wie diesen Insektenbestand im Auge behalten: Jede

Blattlaus zählt! Die Einstellung der ersten Stadtteil-Insektologen ist nur eine Frage der Zeit. Als Mitarbeiter kommt aber nur infrage, wer ein gutes Auge hat und bis drei zählen kann. Und wer nichts wird, wird eben Bienen-Wirt und baut ein Insektenhotel. Sobald die Bremer Grünen die Todesstrafe für bienenfeindliche Schottergärten eingeführt haben, werden auch jede Menge Schotter-Kontrolleure (m/w/d) gesucht. Sicher eine Aufgabe für Menschen mit Hang zum Denunziantentum. Vorteil: Man muss sich nicht mit den botanischen Namen für das ganze Gestrüpp auskennen. In Schottergärten finden sich höchstens Plastik-Buchskugeln. Nachteil: Der Job ist nicht ganz ungefährlich. Das Berufsrisiko, von uneinsichtigen Gartenbesitzern gesteinigt zu werden, sogar relativ hoch. Freuen können sich Umschüler: Für Knöllchenschreiber gilt eine verkürzte Einarbeitszeit.

Ehrenvoll ist der – auch in meiner Küche noch zu vergebende – Job eines Bokashi-Eimer-Rausbringers. Ein Bokashi-Eimer ist die neue Alternative zum gängigen Komposthaufen: Man befüllt den Bokashi-Eimer mit Gemüseresten und lässt ihn in Ruhe neben dem Frühstückstisch fermentieren: Mithilfe von effektiven Mikroorganismen entsteht dann hochwertiger Kompost für bienenfreundliche Pflanzen. Wie der herkömmliche Müll-Rausbringer muss der Bokashi-Eimer-Rausbringer dafür sorgen, dass der Eimer geleert wird. Leider sind hochmotivierte Anwärter heutzutage selten. Der Job ist zwar lange nicht so eklig wie der eines Ohrenputzers.

Aber ehrlicherweise muss gesagt werden, dass die Bokashi-Eimer-Rausbringer in den meisten Haushalten noch weit unter der Mindestlohngrenze schuften.

# Bescheidenheit ist eine Tugend

Oh, schau mal, es gibt sogar Rosen", sagte ich zu meiner Tochter, weil auch sie Rosen mag. Ich füllte gerade ein Bestellformular für eine Bürgerpflanzaktion aus. Jeder Einwohner soll in diesem Herbst bis zu 50 bienenfreundliche Jungpflanzen von der Gemeinde geschenkt bekommen. Aber sie drehte mir den Rücken zu. Was meine Familie kaltlässt, weckt bei mir leider niedere Triebe.

Es war schon dunkel, deshalb konnte ich Länge und Breite des Beets am Briefkasten nur abschätzen. Und so konnte ich auch die benötigte Menge Rosen zur Umgestaltung nur grob überschlagen.

Ich trug zunächst 15 Hundsrosen ins Bestellformular ein. Dann noch drei Hartriegel und sieben Kornelkirschen. „Hört mal, es gibt auch noch Weißdorn, der schützt vor Verhexungen. Und Schlehen. Schlehensaft macht fit", rief ich ins Wohnzimmer, wo meine Familie saß und ein Gesellschaftsspiel spielte.

„Und das willst Du alles in diesem kleinen Beet am Briefkasten unterbringen?", fragte mein Mann Michael abwesend.

Ich denke nicht, dass ihm da bereits klar war, dass Hundsrosen bis zu drei Meter hoch werden. Dass Hartriegel Bäume sind und Kornelkirschen es mit 50 Jahren auf knapp acht Meter bringen.

Bei Pflanzen verliere ich leider jede Zurückhaltung und jedes Maß. Sobald ich das Wort Pflanzen auch nur höre, werde ich nämlich zum Nimmersatt, ja, zum Raffke.

Und nur so ist zu erklären, dass von meinem Computer unter dem Pseudonym Lotte Fichte kurz vor Mitternacht noch 50 Mal bienenfreundlicher Feldahorn bestellt wurde. Eine gewisse Sabine Kiefer orderte 25 bienenfreundliche Kriechweiden, 15 Essigbäume und zehn Faulbäume. Und Jasmin Tanne bekommt im November hoffentlich 50 Purpurweiden.

Zurzeit spiele ich mit dem Gedanken, mich als Kindergartenleiterin auszugeben: Der Bund für Umwelt und Naturschutz hat gerade angekündigt, an jede Kita fünf Obstbäume verschenken zu wollen.

Aber ich muss erst mal sehen, wo Michael die 200 Löcher für die Jungpflanzen der Gemeinde gräbt.

Ich denke, wir werden den Rasen aufgeben und die Garage sowie die hintere Haushälfte abreißen müssen. Das wäre für mich aber in Ordnung: Bescheidenheit ist eine Tugend – und ich finde, man muss auch mal auf etwas verzichten können. Den Bienen zu Liebe.

## Geschenke des Universums

Es gab eine Zeit in meinem Leben, da hätte ich bedenkenlos Papaver orientale gepflanzt. Sogar viel sogar. Vielleicht hätte ich zu dem feuerroten türkischen Mohn auch noch rote Taglilien gesetzt. Aber das war, bevor ich um die Eigenschaften dieser Pflanzen wusste:

Sie werden dem Element Feuer zugeordnet. Eine Überdosis davon und ich wäre heute vielleicht ein geltungssüchtiger und reizbarer Mensch. So aber bin ich willensstark, ideenreich und fruchtbar – jedenfalls nach den Merkmalen meiner Gartenpflanzen zu urteilen.

Das Geheimnis meines Erfolges: Ich halte mich an die asiatische Lehre des Feng-Shui und stimuliere die neun Bagua-Zonen im Garten. Ich nutze Feuer-Energie für den Ruhm, Wasser-Energie für die Karriereecke und gedenke, demnächst auch meine Haushaltskasse aufzubessern.

Man darf nur nie ein Element zu stark betonen. Sie wissen schon: Yin und Yang und so. Sonst geht der Spaß nach hinten los. Ein zu großer Teich zum Beispiel kann laut Feng-Shui-Expertin Gill Hale die Karriereaussichten dämpfen. Ein quadratischer Teich sendet sogar Giftpfeile aus.

Es muss aber nicht so schlimm kommen. Im Gegenteil, Feng Shui kann das Leben positiv beeinflussen. Leere Gefäße nehmen Hale zufolge die Geschenke des Universums auf. Wollen wir unsere Partnerschaft erblühen lassen, pflanzen wir gelbe und rote Dahlien in die Partnerschaftsecke oben rechts im Garten, rät Verena Gisicki im Blog Every-Day-Feng-Shui. Aber bitte erst im Frühjahr, Dahlienknollen können nämlich keinen Frost ab.

Wem das für den Anfang zu kompliziert erscheint, beseitigt erst mal das Gerümpel. So kann das Chi, die positive Energie, frei durch den Garten fließen und das Geld strömen. Funktioniert schließlich auch im Haus: Wer nach Anleitung der Feng-Shui-Autorin Karen Kingston seine Bude ausmistet, könnte quasi automatisch einen Scheck über 5000 Dollar bekommen, von einer Erbschaft und einer Gehaltserhöhung erfahren, Gutscheine finden und sich obendrein noch energiegeladen fühlen. Kingston berichtet von einer Lehrerin, der genau das passiert sein soll.

In Erwartung eines saftigen Bonus' krempele ich die Ärmel auf – zwecks Entrümpelung der Fläche zwischen Schuppen und Hainbuchenhecke. Ich habe sie als Partnerschaftsecke identifiziert. Es ist aber gar nicht so leicht, die Jahrtausende alte, fernöstliche Lehre in der Praxis umzusetzen. Zu zweit halten die Kinder den verschmutzten XXL-Pool fest. Der wird angeblich im Sommer noch gebraucht. Mein Mann sichert ein altes Zaunteil, das an der Wand lehnt. Das sei nützliches Material für neue Nistkästen.

Na gut, dann fange ich eben auf der anderen Seite an, bei der Rutsche. Die Sandförmchen werfe ich aber nicht weg, die stelle ich rund um die Rutsche auf. Für die Geschenke des Universums. Auch das hilft der Beziehung: Geld macht schließlich attraktiv. Ich packe noch ein paar Blumentöpfe, Eimer und Maurerwannen dazu. Wenn es um Geschenke geht, ist mehr einfach mehr.

Täglich warte ich nun auf den Postboten. Der bringt aber immer nur Pakete für den Nachbarn. Kunststück, der hat ja auch einen Baucontainer vor der Tür stehen. Da hat das Universum Platz für jede Menge Geschenke.

Vielleicht sollte ich meinen Mann bitten, den unterirdischen Öltank im Garten freizulegen.

# Kompost im Kofferraum

Kennen Sie auch solche Leute, die ohne jeden Anstand und Sitte sind? Ein Bekannter von mir zum Beispiel wirft das Laub einfach in den Garten seines Nachbarn. Weil dort der Baum steht, von dem es kommt. Störende Blätter zurückzuwerfen ist sogar strafbar, habe ich jüngst gelesen. Das muss Sie aber nicht gleich schockieren. Als Gartenbesitzer steht man quasi immer mit einem Bein im Knast.

Stellen Sie Ihren Laubbläser doch mal probeweise zur Mittagszeit an. Ich wette, das gibt Ärger. Schon wegen des Lärms. Das Amtsgericht Reutlingen untersagte einem Wohnungseigentümer sogar das Planschen auf seiner Terrasse. Das ständige Vibrieren und Sprudeln seines Outdoor-Whirlpools hatte die Nachbarn erheblich gestört.

Extrem gefährdet, an den Rand der Legalität zu geraten, sind übrigens niedersächsische Gartenbesitzer. Besonders, wenn diese an der Landesgrenze leben. Oder hätten Sie Lust eine halbe Tagesreise zum Abfall-Service Osterholz nach Pennigbüttel zu unternehmen, nur um dort am freien Sonnabend mit gefühlt 100 anderen Niedersachsen im Stau zu stehen? Und zum Dank für Geduld, Spritgeld und Minuspunkte bei der persönlichen $CO_2$-Bilanz fast fünf Euro für vier Säcke Gartenabfall zu bezahlen?

Da ist es doch wesentlich attraktiver, das Laub auf Kosten der Bremer zu entsorgen. Prak-

tischerweise auf einem Recyclinghof gleich um die eigene Hausecke.

Allerdings weiß ich aus eigener, traumatischer Erfahrung, dass ein OHZ-Kennzeichen auf einem Bremer Recyclinghof sofort auffällt. Sie können auch sicher sein, dass mindestens ein Bekannter zuschaut, wenn Sie von den Mitarbeitern der Station in flagranti am Container erwischt werden und dafür lebenslanges Hausverbot kassieren.

Weniger riskant ist es, den Rat einer Mutter aus der Fußballmannschaft meines Sohnes zu befolgen und das Auto ein Stück entfernt zu parken. „Man muss nur aufpassen, dass die Mitarbeiter nicht um die Ecke gucken", warnt meine Bekannte. Stichwort: Verdeckte Operation Laubentsorgung. Die Schwierigkeit besteht also in erster Linie darin, nicht unter der Last des sauschweren Laubsacks zusammenzubrechen und in zweiter Linie, sich auf dem Weg zu den Containern möglichst unauffällig zu geben. Ganz Abgebrühte grüßen unterwegs das Personal. Sicher nichts für Menschen mit schwachen Nerven. Der Sack-Schlepp-Trick hat sich anscheinend unter Gartenbesitzern mit OHZ-Kennzeichen herumgesprochen. Noch habe ich jedenfalls nie einen freien Parkplatz in der Nähe der Station ergattern können. Sei's drum. Manche Probleme lösen sich irgendwann von allein. Dem strengen Geruch hinten im

Wagen nach zu urteilen, hat der Zersetzungs-
prozess in den Säcken inzwischen begonnen.
Wenn ich die Heizung aufdrehe und noch ein
paar Küchenreste zu dem Gras-Laub-Gemisch
werfe, könnte ich die Sache während der Fahr-
ten beschleunigen. Jetzt muss ich bloß wissen:
Sind mobile Kompostieranlagen genehmigungs-
pflichtig? Nicht, dass ich wegen meines schwarzen Goldes noch mit dem Gesetz in Konflikt
gerate.

# Kalanchoe trifft Zahnputzbecher

Bilder und Kissen waren gestern. Dickblattgewächse sind die Deko der Zukunft. Zimmerpflanzen erleben gerade einen enormen Hype. Das stellte ich am Wochenende fest, als ich mich auf dem Sofa durch ein paar Wohnzeitschriften arbeitete.

Orchideen auf der Fensterbank sind out: Kalanchoen mit ihren fleischigen Blättern, bunten Blüten und auch glänzende, unecht wirkende Flamingoblumen erobern alle Stellflächen. Man muss natürlich ein Händchen haben für sowas. Nicht jeder hat Dekoideen.

Mein Mann zum Beispiel würde nie versuchen, unsere Vasen als Gruppe aufzustellen. Ich bin nicht sicher, ob er überhaupt weiß, wo wir unsere Vasen aufbewahren.

Einrichten scheint auch 2018 noch Frauensache zu sein. Jedenfalls richten 99,9 Prozent aller Frauen, die ich kenne, die Wohnungen ein. Ihre Männer sind offenbar damit zufrieden, wenn sie den großen, schwarzen Fernseher und den Kugelgrill aussuchen dürfen.

Lange Zeit dachte ich deshalb, auch Michael macht sich nichts aus Accessoires. Ja, ich verstieg mich zu der These, dass er Deko-Gegenstände nicht mal erkennt, wenn er auf sie stößt. Denn als ich kürzlich ein Stillleben aus einer Schale Äpfel und der letzten Gartenrose zusammen mit einer nostalgischen Spieluhr auf dem Küchentisch anordnete, legte er später wie selbstverständlich seinen MP3-Player dazu. Inzwischen gehe ich aber davon aus, dass das Absicht war. Dass er Gleichberechtigung beim Einrichten verlangt.

Das kam mir in den Sinn, als meine Mutter ein Dreier-Set gläserner Teelichthalter schenkte, die genau in die beleuchtete Wandnische im Bad passten. Rechts und links blieben einige Zentimeter Platz, wenn man die Teelichter mittig hinstellte, sodass sich dem Auge ein gefälliger Anblick bot. Meiner Freude über Symmetrie und Ästhetik der Farbzusammenstellung (rauchblaues Glas vor Holz) machte Michael ein jähes Ende, indem er abends alle Teelichter an den Rand der Nische quetschte und stattdessen sein Zahnbürstenglas samt grüner Zahnbürste und signalrotgemusterter Zahnpastatube mittig unter das Lämpchen stellte.

Wir haben bisher nicht über diesen Einrichtungsvorfall gesprochen. Aber ab jetzt gilt es, Pflöcke einzuschlagen. Hilfreich ist eine Kalanchoe. Sie ist so genügsam, dass sie sich wunderbar auch in Baumwolltaschen, Tassen und Zahnputzbecher pflanzen lässt.

Man kann sie sogar in Pflanzsäckchen setzen und an dicken Seilen aufhängen. Dann ist auch die Zimmerdecke safe. Da soll ihm mal was zu einfallen.

# Schnibbeln für Fortgeschrittene

Dass man das hier wieder tun muss! Das kann einem doch wirklich keiner bezahlen.

Die Leiter ist auf drei Meter ausgefahren und lehnt am Baumstamm, im weichen, laubübersäten Boden zwischen Weigelie und Taxuskugel.

Es wird schon nichts passieren. Nicht umsonst gibt es Schnittschutzhosen. Schutzbrille habe ich auch besorgt. Aber erst mal muss man sich auf die richtige Höhe bringen. Drei Meter sind ganz schön hoch. Stand nicht neulich in der Zeitung, dass ein Mann aus dem Baum gestürzt ist? Es wäre vielleicht nicht schlecht, jemand hielte die Leiter fest. Aber wer soll das machen?

Es wird schon, es muss so gehen. Säge anwerfen. Es brummt ganz gleichmäßig. Hat sich nicht gerade erst ein Mann beim Baumschnitt mit der Motorsäge am Unterschenkel verletzt?

Warum sind es eigentlich immer Männer? Nie Frauen? Als wenn es keine Holzbearbeitungskurse für Frauen gäbe. Vielleicht sind Frauen vorsichtiger.

Überall diese Äste. Wo fängt man da an? Vielleicht gleich hier oben. Wie das Sägeblatt durch den Ast geht. Wie ein heißes Messer durch Butter. Lieber nicht drüber nachdenken, wie schnell hier was abgeht.

Bloß die Kettensäge nicht zu dicht in Kopfhöhe halten. Aber auch ohne Arm wäre man arm dran. Vielleicht hätte ich Tüten bereit legen sollen? Die großen, blauen Müllsäcke. Da passt notfalls auch ein Bein rein. Wenn es luftdicht verpackt ist, können sie es im Krankenhaus sicher wieder drannähen – oder gilt das nur für Finger?

Und wo sind eigentlich die Klippverschlüsse? Man sollte sie immer in derselben Schublade aufbewahren. Damit sie im Unglücksfall griffbereit sind. Was sind das bloß für Fragen, die einem in dieser Situation durch den Kopf gehen. Konzentrier' dich! Wenn man aufpasst, passiert auch nichts. Und ich passe auf! Und wie! Der nächste, dicke Ast sitzt noch anderthalb Meter höher am Stamm. Also runterkrabbeln, Leiter weiter ausfahren, Leiter positionieren, wieder raufkraxeln. Der Motor brummt. Die Säge frisst sich durchs Holz. Ein Knacken. Gleich fällt der schwere Ast.

Der Ast fällt doch nicht. Komisch. Ach so, er hängt im Geäst des Nachbarbaums. Das darf ja wohl nicht wahr sein! Körperdrehung bei laufender Säge nach rechts. Den Ast von der anderen Seite anschneiden. Hilfe. Die Leiter wackelt. Kalter Schweiß bricht mir aus. Wieso – wieso – wieso tue ich mir das an?

Opa hat sich früher mit seinem Gürtel am Stamm festgebunden, wenn er den Birnbaum auslichtete. Irgendwo haben wir doch noch dieses alte Schaukelseil. Warum muss mir jetzt dieser Artikel einfallen? Der über den Mann (wieder ein Mann!), den die Feuerwehr befreien musste. Er hatte sich im Baum verknotet und sich dann mit der Kettensäge verletzt. Nein, tut mir leid. Ich bin raus. Ich kann hier einfach nicht mehr am Fenster stehen. Hoffentlich rufen die Nachbarn den Krankenwagen – falls mein Mann ausgerechnet jetzt von der Leiter fällt, während ich mir einen Kamillentee koche.

## Von wegen lange Leitung

Guten Morgen, lieber Leser, wussten Sie eigentlich, dass die Merkfähigkeit von Goldfischen nur drei Sekunden beträgt? Stellen Sie sich mal vor, das wäre auch bei Menschen so, das wär' ja schlimm. Ich habe erfahren, dass sich Goldfische nur drei Sekunden etwas merken können. Nicht auszumalen, wenn das bei Menschen auch so wäre. Tach auch, wussten Sie schon, dass Goldfische ein Kurzzeitgedächtnis haben? Drei Sekunden konnen sie sich etwas merken. Ich könnte ewig so weiter machen, diesen Witz soll aber schon die „Bietigheimer Zeitung" gebracht haben. Außerdem stimmt das Gerücht vom kurzen Gedächtnis des Goldfisches sowieso nicht.

Fische besitzen zwar kein Großhirn, die kleinen Karpfenfische sollen aber mindestens so intelligent sein wie Ratten und Mäuse. Der Wissenschaftler Phil Gee von der britischen Plymouth University beispielsweise hat seinen Goldfischen beigebracht, einen Hebel zu drücken, um an ihr Futter zu kommen. Und sein Kollege, Jonathan Lovell, stand in der „Zeit", lehrte die Tiere, auf ein bestimmtes Tonsignal hin zur Fütterung herbeizuschwimmen.

Ich komme auf diese fischigen Geschichten, weil mich ein geneigter Leser neulich gefragt hat: „Wo ist eigentlich Fisch 14?"

Ich hatte Fisch 14 mit 13 Artgenossen persönlich in einem offenen Eimer zwischen Omas Füßen im Auto zu uns nach Hause befördert. In einer 30er-Zone kam es wegen diverser Schwellen zu stärkerem Wellengang im Kübel, was Oma kalte Güsse auf den Zehen bescherte. Am Ende des Tages vermissten wir dann einen Fisch. Unter der Fußmatte war er aber nicht. Dies hatte ich in einer früheren Kolumne bereits erwähnt.

Es scheint das Schicksal von Flossentieren im Allgemeinen zu sein, dass sie uns Menschen ein Mysterium bleiben. Denken Sie zum Beispiel an die weitgehend unerforschten Ozeane. Niemand weiß genau, was in der Tiefsee geschieht, tausende Meter unterhalb des Meeresspiegels.

Aber auch hier oben geht es uns nicht viel besser. Denn tatsächlich kennen wir ja nicht mal unsere vierbeinigen Freunde an Land.

Zwar glauben die meisten Halter der 13 Millionen Katzen und acht Millionen Hunde in Deutschland, die Signale ihrer geliebten Tiere zu verstehen. Doch oft täuschten wir uns, schreibt der „Spiegel". Hunde zum Beispiel sollen es nicht leiden können, wenn ihnen Wildfremde den Kopf tätscheln. Die Stelle sei ihnen viel zu intim.

Goldfische kamen in dem Bericht allerdings nicht vor, was schade ist. Denn nur zu gern hätte ich gewusst, ob sich diese Tiere an Menschen binden oder ob sie in dieser Beziehung wie Katzen sind, denen man nachsagt, an einer dauer-

haften Bindung an den Menschen gar nicht interessiert zu sein. Wobei meine Schwester ja steif und fest behauptet: „Mein Kater bindet sich."

Falls meine Fische überhaupt eine emotionale Beziehung aufgebaut haben, dann zu den Premium-Teich-Sticks. Sobald sie die XXL-Futtertonne sehen, tauchen sie auf.

Was jetzt Ihre Frage betrifft, lieber Leser: Ich habe keine Ahnung, wo Fisch 14 steckt. Er hat sich heute Morgen nicht blicken lassen, als ich die Teichbewohner mit einem Pfiff zum Rapport beordert habe. Ich nehme an, er versteckt sich unter der Seerose.

Aber er unterschätzt meine Intelligenz: Denn sonst würde er nicht immer wieder nur den gleichen Witz machen.

## Die perfekte Tanne

Angeblich gibt es nichts Beständigeres als Weihnachtsbäume. Sie sollen schon vor 100 Millionen Jahren genauso ausgesehen haben wie heute. Das liegt am Genom, sagen kanadische Wissenschaftler.

„Oh, eine Charaktertanne", ruft mein Mann Michael mit vielsagendem Blick auf die Rotfichte, die ich gerade mit leichtem Körpereinsatz gegen einen Mann mit dunkelgerahmter Brille und Backenbärtchen verteidige. „Was hast du? Sie sieht doch gut aus", schreie ich in die Richtung des Tannenbaumgeheges zurück, in der er den Baum seiner Wahl festhält.

„Dieser ist schöner! Nordmanntanne", ruft er da auch schon und zeigt auf das unförmige Exemplar neben sich. „Untenrum zu buschig", brülle ich über eine Vielzahl fremder Köpfe hinweg. Wir kommen an diesem Tag nicht zusammen. Das Gedränge beim Tannenverkauf ist zu groß, und die meisten Bäume sind zu schwer.

Damit er das birnenförmige Teil endlich loslässt und rüberkommt, weil ich vor lauter Rufen auch schon ein Kratzen im Hals verspüre, setze ich nach: „Und obenrum sieht dein Baum aus wie Rupfi." Rupfi ist das Erfurter Opfer des Klimawandels. Als kaum Nadeln führende Tanne hat sie es schon zum Postkartenmotiv gebracht.

Die Kinder stecken fröstelnd die Hände in die Taschen. Sie sehen schon länger so aus, als würden sie gerne nach Hause gehen. „Schon gesehen?", schallt es jetzt wieder aus der Ecke, in der mein Mann steht: „Dein Baum hat zwei Spitzen."

Schweren Herzens überlasse ich meine Fichte dem übergriffigen Mann mit Backenbärtchen. Er reißt sie an sich und zieht sie schnell hinter sich her. Ich verfolge ihn mit den Augen, bis er bei einer Frau ankommt, die vor einer recht hübschen Blaufichte steht. „Können wir jetzt gehen?", will Michael wissen. Er glaubt wohl, er kann die Birne mitnehmen. „Und der Baum?", frage ich zurück und versuche, die Blaufichte nicht aus den Augen zu lassen. Wenn das Paar sich nun für meinen Baum entscheidet, dann

würde ich mir ihren gern mal genauer ansehen. Zu spät. Eine Dame mit Enkel ist schneller.

Ich möchte einmal in meinem Leben einen Weihnachtsbaum wie gemalt. Eine kerzengerade Tanne, nicht zu groß natürlich, damit sie sich nicht wieder unter der Zimmerdecke biegt und Michael die Spitze abschneidet. Und nicht zu klein, damit Onkel Georg nicht wieder fragt, ob Bonsai-Tannen im Trend liegen. Ich forme mit den Händen einen Trichter am Mund: „Ich bleibe, bis wir einen Baum haben – einen akzeptablen Baum!"

Vielleicht bin ich meiner Zeit voraus. Die Berliner Humboldt-Universität und das Gartenbauzentrum Münster Wolbeck/Essen arbeiten bereits an Baum-Klonen. Auch Forscher der Universität von Kopenhagen sitzen am Thema. Wenn alles gut läuft, finden sie Gene für perfekten Wuchs, geringen Nadelverlust und schwere Entflammbarkeit.

Es wird langsam dunkel. „Mama, Papa! Hier! Wir haben einen!" Die Kinder stehen neben einer Kiefer, die, wie ich im Schein meiner Taschenlampe erkenne, ziemlich krumm ist. „Nein, die nicht", rufen Michael und ich im Chor in die Kinderecke.

Bevor wir uns streiten können, komplimentiert uns der Tannenbaumverkäufer hinaus: „Irgendwann muss ich auch mal Feierabend machen."

Kein Problem. Morgen ist auch noch ein Tag und übermorgen und überübermorgen. Man muss ja nicht gleich die erstbeste Tanne nehmen. Das habe ich dem Verkäufer gestern schon erklärt. „Also dann wieder bis morgen", rufe ich ihm zu.

Der Tannenbaumverkäufer sieht nicht unbedingt begeistert aus, als er zurückruft: „Von mir aus, aber an Heiligabend bin ich nur bis mittags da."

# Es begab sich aber zu der Zeit …

Es begab sich aber zu der Zeit, dass ein Gebot von Kaiser Baumarkt ausging. Und jedermann ging, auf dass er blinkende Lichterketten und leuchtende Schneemänner für den Garten kaufte, in sein Lieblingsgeschäft. Da sollte sich auch mein Mann aufmachen, der Michael heißt, in das Land, wo die Weihnachts-Deko herkommt, vor allem weil sein angetrautes Weib es so wollte. Doch er sprach: „Weib, zieh' selbst los und lasse dir unnützen Zierrat andrehen. Ich muss arbeiten."

Ich fand aber keinen Gefallen daran, mich auch noch um die Elektrik zu kümmern. Ich sprach also zu dem Mann, der Michael heißt: „Siehe, ich muss die Ölbäume auf der Terrasse in Noppenfolie wickeln, ehe die Sonne und das Licht finster werden." So ging ich hinaus in den Garten und holte frische Zweige von edlen Tannen, um abzudecken die Kübelpflanzen und das Gemüsebeet mit den Topinambur-Knollen vor der Küchentüre.

Es war die Mittagszeit, da die Kinder heimkamen. Sie überbrachten mir alsbald die schlimme Kunde von einem Lausbefall in der Schule. So ging ich hin und schaute nach, ob Schädlinge an meinen Kindern fraßen. Aber so war es nicht. Vorsichtshalber besah ich mir auch die Geranien in der Garage.

„Gib mir doch etwas zu essen von dem Linseneintopf", sagte hernach mein Sohn. Auch alle Vögel des Himmels hungerten. Als ich das sah, holte ich mehr Korn. Die To-do-Liste war wirklich lang.

Es waren Nachbarn in derselben Gegend auf dem Felde, die hüteten nachts ihre wunderschönen Blinkanlagen. Und das kaltweiße Licht der LED-Lichterschläuche und Eiszapfen umgab ihre Häuser, Buchskugeln und Koniferen. Und sie fürchteten sich sehr, dass meine Terrasse würde heller leuchten als alle ihre Lichterketten zusammen. Doch ein Engel sprach zu ihnen: Fürchtet euch nicht!

Denn als der Mann, der Michael heißt, endlich zu Hause war, kam die Zeit, dass er die Weihnachtsbeleuchtung installieren sollte. Er sprach: „Ich habe die Botschaft vernommen, die du an mich gesandt hast, aber ich habe nur diesen dürren Mistelzweig vom Grünmarkt dabei." Er nahm den Zweig und befestigte ihn über der Türe. Daraufhin küsste er mich. Damit brachte er Frieden in unseren finsteren Garten. Denn ich schloss die Augen und sah das ganze Blinken um mich herum nicht mehr.

Aber wenn bis Heiligabend nicht wenigstens das Rentier auf der Terrasse leuchtet, dann kann der Mann, der Michael heißt, am Festtag lange auf seine Entenbrust warten. Denn nur kalorienarme Topinambur-Knollen aus dem Beet vor der Küchentüre werden in dem Fall seine Nahrung sein.

## Unser Baum ist sooo schöön

2. Januar: „Müssen wir nicht langsam mal den Baum abschmücken?", fragt Michael, mein Mann. „Och nö, noch nicht", sage ich, „wir lassen ihn noch stehen. Ist doch so stimmungsvoll mit den Lichtern."

4. Januar: Einige Nachbarn werfen ihre Tannen an den Straßenrand. Dunkelgrün glänzen die Nadeln im Dauerregen. Michael steht am Fenster: „Wann werden die Bäume eigentlich abgeholt?" Aber ich kann ihn beruhigen. „Das dauert noch."

6. Januar: „Findet ihr unseren Baum auch so schön?", frage ich die Sternsinger? Die Kinder nicken schüchtern. Dann fragen sie, ob sie jetzt ihre Schuhe wieder anziehen und nach draußen gehen dürfen.

8. Januar: „Mach Schluss mit Weihnachten", fordert ein schwedisches Möbelhaus in der

Werbung. Es schickt uns sogar eine E-Mail. Wir sollen unseren Baum rauswerfen und dafür ein Sofa kaufen. „Wir haben doch ein Sofa – wir können den Baum behalten", finde ich. Er ist dies Jahr wirklich sooo schöööön! Fanden die Sternsinger auch.

1. Februar: Der Nachbar will in die Skiferien fahren und fragt, ob wir nach der Post sehen. „Ach, ihr habt den Baum noch stehen?", stellt er verwundert fest, als ich ihn ins Wohnzimmer führe, damit er den Baum bewundern kann.

2. Februar: „Der Baum muss weg", ruft Michael mit schmerzverzerrtem Gesicht, als ihn Tannennadeln durch die Socken pieken. Aber so schlimm nadelt der Baum noch gar nicht.

13. Februar: „Langsam reicht's mit Weihnachten", meint Michael. Seine Stimme klingt gepresst. Als er mir seinen Fuß entgegenstreckt, sehe ich, dass die Socke mit Blut getränkt ist. Aber ich hatte ihm ja gleich gesagt, dass Rotfichte nicht die richtige Wahl ist. Jetzt haben wir das Problem, dass ein Zweig unter dem Gewicht der Kugel zerbröselt ist; die Scherben liegen verstreut auf dem Boden. Ich verbinde Michaels Zeh. „Ein bisschen Schwund ist immer", tröste ich. „Aber solange noch so viel Lametta dran hängt, ist doch alles gut. Und nächstes Mal nehmen wir eben doch wieder eine Nordmanntanne."

14. Februar: Ich flüstere Michael ins Ohr, dass er mir dieses Jahr wirklich keine Rose zum Valentinstag kaufen muss: „Mein Schatzi, viel lieber hätte ich ein paar Ersatz-Äste mit viel Tannengrün."

20. März: Die Kinder behaupten, sie seien die einzigen in der Schule, bei denen der Tannenbaum noch steht. „Soll er bis Ostern bleiben?", fragen sie und kichern. „Länger", sage ich und kichere. „Vielleicht bis zu den Sommerferien?", fragt Michael und zwinkert den Kindern amüsiert zu. „Warum eigentlich nicht", frage ich amüsiert zurück. Der Baum sieht immer noch gut aus.

1. April: Unser Nachbar holt endlich den Postschlüssel ab. Als er einen Blick auf den Tannenbaum erhascht, ruft er aus: „ Ist nicht Euer Ernst!"

3. April: In den Gärten blühen Vergissmeinnicht und Narzissen, berichten die Kinder, als sie aus der Schule kommen. Die Nachbarn würden Ostereier in ihre Forsythien hängen. Davon sehe ich aber nichts, weil alle Jalousien unten sind. Dann ist die Lichterkette doch viel besser zu sehen. „Bei Heinrich Böll feiert eine Familie das ganze Jahr und wird darüber wahnsinnig", sagt Michael. Er sagt noch etwas, aber ich verstehe ihn nicht. Die Anlage ist zu laut. „Last Christmas" singen die Jungs von Wham in Dauerschleife.

7. April: Michael will heute mit den Kindern Strohsterne basteln. „Abschmücken lohnt nicht mehr", findet er inzwischen auch. Es sind schließlich nur noch 34 Wochen bis Weihnachten. Und man weiß doch, wie schnell die Zeit vergeht. Geschenke kaufen, Adventskalender basteln, Kekse backen.

Da können wir von Glück reden, wenn wenigstens der Baum fix und fertig ist.

# Wir lieben Werkstoffe

Nach der Stein-, Bronze- und Eisenzeit kommt die Plastikzeit. Folgerichtig brachte die Bundeszentrale für politische Bildung den Dokumentarfilm „Plastic Planet" heraus. Das war aber schon 2009. Zehn Jahre später leben wir längst in einem neuen Zeitalter. Das erfährt man, wenn man am Fenster sitzt, Pläne fürs neue Gartenjahr schmiedet und dabei Unmengen von Lebkuchen in sich hineinstopft.

„Hast du jetzt wirklich alle Kekse allein gegessen?", fragt mein Mann Michael und hält stirnrunzelnd die leere Lebkuchenpackung (Brezel, Sterne, Herzen, zartbitter) in die Höhe. „Dswoganivl", sage ich. Und, als ich geschluckt habe, nochmal: „Das waren gar nicht so viele." Aber Michael redet schon weiter: „Die Lebkuchen hier wurden gerade zurückgerufen! Genau diese hier: Brezel, Sterne, Herzen, zartbitter!" Ich schlucke nochmal, obwohl mein Mund leer ist. Wieso denn?", frage ich alarmiert. „In einige Packungen sind Plastikteile geraten, es besteht sogar Verletzungsgefahr", sagt Michael und sieht jetzt sehr besorgt aus.

Die Kekse in meinem Magen verwandeln sich augenblicklich in Stein. Ich spüre, wie der Kunststoff meine inneren Organe aufschlitzt und Blutungen einsetzen. Mit letzter Kraft schreibe ich eine E-Mail an den Hersteller, in der ich mich höflich nach meinen Überlebenschancen erkundige. Es dauert nur wenige Wochen, bis sich die zuständige Abteilung meldet: Genug Zeit, damit meine inneren Verletzungen verschorfen. „Sehr geehrte Frau Brandt", schreibt ihr Kunden- und Ernährungsservice, „vielen Dank, dass Sie uns ihre Erfahrung mitgeteilt haben, denn selbstverständlich legen wir großen Wert auf den wertvollen Austausch mit unseren Kunden."

Der gefundene Kunststoff soll von einem externen Labor untersucht worden sein, lese ich Michael weiter vor. Und dann juchze ich vor Freude: Die Kontrolleure hätten festgestellt, dass es sich bei den gefundenen Fremdkörpern gar nicht um Plastik handelt! „Ach, gut", meint Michael. „Was war's dann?" „Plexiglas", sage ich.

Er: „Du hast Plexiglas gegessen?" Ich überfliege die nächsten Zeilen. „Ja, aber das ist überhaupt nicht schlimm." Plexiglas, erkläre ich Michael, sei nicht giftig und zudem vielseitig verwendbar. "

Bei weiteren Fragen, hat mir Edeka mitgeteilt, könne ich ruhig mal Durchklingeln. Das will ich auch tun. Ich werde mich erkundigen, ob ich den Gutschein, den sie mir geschickt haben, lieber gegen eine Packung zurückgerufene Leb-

kuchen eintauschen kann. Ich habe überlegt, dass es eigentlich praktisch ist, dass ich mein eigenes Ersatzteillager bin – falls ich mal einen Oberschenkelhalsbruch erleide.

Und wie nützlich wäre es, auch Michael könnte jederzeit auf ein bruchsicheres, nie vergilbendes Provisorium zurückgreifen, falls er sich je einen Backenzahn ausbeißt. Zu Hause können wir die witterungsbeständigen Brezeln auch gut gebrauchen – als Abdeckung für den Carport. Die Möglichkeiten sind nahezu unbegrenzt – im Plexiglaszeitalter.

# Ich, Homo naturus

Ich lebe in einem Überwachungsstaat. „Du willst hoffentlich keinen Kaffee kochen?", fragt die Kollegin, Panik in der Stimme. Während ich überlege, ob ich das Kaffeepulver unauffällig verschwinden lassen soll, klammert sie sich schon an meinen Knöchel.

Normalerweise kommt stets Freude im Büro auf, wenn jemand Kaffee macht. Nur bei mir ist es anders. Ich habe Kaffeemaschinenverbot. „Weil bei Dir alle elektrischen Geräte Selbstmord begehen", behauptet Michael, mein Mann. Das ist natürlich blanker Unsinn.

Michael gehört zu den Verschwörungstheoretikern in meinem Umfeld. Sie glauben, ich bediene elektrische Geräte nicht richtig. Sie denken, ich ziehe an irgendwelchen Kabeln oder drücke die falschen Tasten, und schon ist die Heckenschere/die Waschmaschine/seine Nachttischlampe kaputt. Aber ich schwöre, ich habe mit all dem nichts zu schaffen.

Auch den neuen Hochdruckreiniger habe ich am Sonnabend lediglich aus der Verpackung genommen. Es liegt fernab meiner Macht, dass er einmal kurz „Pff" gemacht und sich dann sofort ins Reich des Elektroschotts verabschiedet hat. Es war auch ungerecht von meinen Kindern, dass sie am Sonntag um Hilfe schrien: „Papa, komm schnell, Mama will die Glühbirne an der Garage auswechseln!" Michael fand das sehr witzig.

Abends lachte er nicht mehr, weil der Bildschirm unseres neuen Tablets schwarz wurde. Ich hatte wirklich nur etwas über Glücksklee nachlesen wollen. Erst leuchteten viele chinesische Schriftzeichen auf, die ich leider nicht lesen konnte. Dann begann das Tablet, unruhig zu brummen wie eine Libelle im Sinkflug. Der Ton wurde immer lauter, je mehr ich auf dem Screen herumdrückte. Erst in Michaels Händen beruhigte sich das elektrische Gerät.

Schade, dass Michael nicht in der Nähe ist. Womöglich hätte er verhindern können, dass die Büro-Kaffeemaschine überläuft. Die braune Brühe schwappt bereits über die Küchenplatte, als mehrere Kolleginnen aufgeregt herbeilaufen und hektisch mit Papiertüchern wedeln. Es ist eine Riesen-Sauerei. Genau wie beim letzten Mal.

Man sagt Gartenbesitzern gern nach, dass sie einen grünen Daumen haben. Es muss aber kein Nachteil sein, wenn man kein Homo technicus ist, sondern wie ich ein Homo naturus. Jetzt, da ich dies erkannt habe, können wir die Aufgaben zu Hause ganz neu verteilen. Ich würde unseren Lebensunterhalt natürlich weiterhin mitbestreiten wollen und ein paar Kolumnen kalligraphieren. Insgeheim gehe ich aber davon aus, dass mich inzwischen auch die Chinesen auf dem Schirm haben. Wahrscheinlich wollen sie mich als Elektronik-Testerin anheuern …